Giftverkauf-Buch

für

Apotheker und Drogisten.

Enthaltend die vom Bundesrat beschlossenen Vorschriften über den Handel mit Giften und die Einführungsverordnungen der Einzelstaaten,

nebst dem

vorschriftsmäßigen Formular zum Eintragen der verkauften Gifte.

Zusammengestellt und mit kurzen Erläuterungen versehen

von

Dr. H. Böttger,

Redakteur der Pharmazeutischen Zeitung.

Dritte, neubearbeitete Auflage.

Springer-Verlag Berlin Heidelberg GmbH 1906

ISBN 978-3-662-32125-6 ISBN 978-3-662-32952-8 (eBook)
DOI 10.1007/978-3-662-32952-8
Softcover reprint of the hardcover 3rd edition 1906

Die Eintragungen in das Giftbuch müssen nach § 11 der Vorschriften sogleich nach Verabfolgung der Waren von dem Verabfolgenden selbst, und zwar immer in unmittelbarem Anschluß an die nächst vorhergehende Eintragung ausgeführt werden. Das Giftbuch ist zehn Jahre lang nach der letzten Eintragung aufzubewahren.

I. Deutsches Reich.

1. Vorschriften über den Handel mit Giften.

Beschlüsse des Bundesrats vom 29. November 1894, 17. Mai 1901 und 1. Februar 1906[1]).

§ 1. Der gewerbsmäßige **Handel mit Giften** unterliegt den Bestimmungen der §§ 2 bis 18.

Als **Gifte** im Sinne dieser Bestimmungen gelten die in Anlage I aufgeführten Drogen, chemischen Präparate und Zubereitungen[2]).

Aufbewahrung der Gifte.

§ 2. Vorräte von Giften müssen übersichtlich geordnet, von anderen Waren getrennt, und dürfen

---

[1]) Der Entwurf der Vorschriften über den Handel mit Giften ist durch Bundesratsbeschluß vom 29. November 1894 festgestellt und später nur zweimal durch die Beschlüsse vom 17. Mai 1901 und 1. Februar 1906 in einigen Punkten geändert worden. Die im Jahre 1901 vorgenommenen Änderungen betrafen Erleichterungen in der Abgabe von Giften an Wiederverkäufer (§ 14), sowie die Wiederzulassung der Abgabe von arsenhaltigem Fliegenpapier (§ 18), durch Beschluß vom 1. Februar 1906 wurden dagegen Ergänzungen des Verzeichnisses der Gifte (Anlage I) durch Einfügung der arsenhaltigen Salz- und Schwefelsäure in Abteilung 1 und der Kresolzubereitungen, sowie des Paraphenylendiamins in Abteilung 3 vorgenommen. Dem eigentlichen Vorschriften-Entwurf ließ der Bundesratsbeschluß vom 29. November 1894 folgende einleitenden Bemerkungen vorangehen:

„Der Entwurf hat in den einzelnen Bundesstaaten nicht ohne weiteres Geltung, vielmehr sind seitens des Bundesrats die Bundesregierungen ersucht worden, gleichförmige Bestimmungen nach dem Entwurfe mit der Anordnung zu erlassen, daß dieselben am 1. Juli 1895 in Kraft treten, und dabei die Frist im § 20 Absatz 1 auf höchstens 3 Jahre, die Frist im § 20 Absatz 2 auf höchstens 5 Jahre nach dem angegebenen Zeitpunkte zu bemessen. Außerdem ist es als erwünscht bezeichnet, zur Sicherung des Vollzuges dieser Bestimmungen Fürsorge zu treffen, daß von Zeit zu Zeit unvermutete Revisionen der Lagerräume und Verkaufsstätten stattfinden. Für diejenigen Bundesstaaten, in welchen nicht gemäß § 34 der Gewerbeordnung der Handel mit Giften von besonderer Genehmigung abhängig gemacht ist, wird der Erlaß einer Vorschrift folgenden Inhalts empfohlen:

Wer Handel mit Giften treiben will, hat, wenn er nicht konzessionierter Apotheker ist, von seinem Vorhaben der Ortspolizeibehörde seines Wohnortes Anzeige zu machen. Die Ortspolizeibehörde hat über die erfolgte Anzeige eine Bescheinigung auszustellen.

Schließlich ist der Reichskanzler ersucht worden, von Zeit zu Zeit das Verzeichnis der Gifte einer Revision unterstellen zu lassen und die nach dem Ergebnis der Prüfung veranlaßten Anträge dem Bundesrat zu unterbreiten."

Die danach ergangenen Einführungsverordnungen der Einzelstaaten, durch welche der Vorschriftenentwurf im wesentlichen in der gleichen Fassung überall in Kraft gesetzt wurde, sowie die Bestimmungen über die Zulassung zum Gifthandel sind in Teil II abgedruckt.

[2]) Die Vorschriften regeln den gesamten Verkehr mit Giften und zwar sowohl den der **Apotheker** als den aller übrigen zum Handel mit Giften berechtigten Personen.

Sie beziehen sich nur auf den **gewerbsmäßigen Handel mit Giften**, treffen diesen aber in seiner ganzen Ausdehnung; sie finden demgemäß, so weit nicht Ausnahmen vorgesehen sind, sowohl auf den **Großhandel** als auf den **Kleinhandel** Anwendung. Auf die Verarbeitung von Giften in technischen Betrieben beziehen sie sich ebenfalls sofern mit der Herstellung gleichzeitig ein gewerbsmäßiger Vertrieb der Gifte verbunden ist.

Die **Gifte**, auf welche sich die Vorschriften erstrecken, sind in der Anlage I aufgeführt. Sie sind nach dem Grade ihrer Gefährlichkeit in **drei Gruppen** geteilt; die Abteilung 1 enthält die gefährlichsten Gifte, die Abteilung 2 die minder gefährlichen Gifte und die Abteilung 3 die weder über noch unmittelbar neben Nahrungs- oder Genußmitteln aufbewahrt werden[1]).

§ 3. Vorräte von Giften, mit Ausnahme der auf abgeschlossenen Giftböden verwahrten giftigen Pflanzen und Pflanzenteile (Wurzeln, Kräuter usw.), müssen sich in dichten, festen Gefäßen befinden, welche mit festen gut schließenden Deckeln oder Stöpseln versehen sind.

In Schiebladen dürfen Farben, sowie die übrigen in den Abteilungen 2 und 3 der Anlage I aufgeführten festen, an der Luft nicht zerfließenden oder verdunstenden Stoffe aufbewahrt werden, sofern die Schiebladen mit Deckeln versehen, von festen Füllungen umgeben und so beschaffen sind, daß ein Verschütten oder Verstäuben des Inhalts ausgeschlossen ist.

Außerhalb der Vorratsgefäße darf Gift, unbeschadet der Ausnahmebestimmung im Absatz 1, sich nicht befinden[2]).

§ 4. Die Vorratsgefäße müssen mit der Aufschrift „Gift", sowie mit der Angabe des Inhalts unter Anwendung der in der Anlage I enthaltenen Namen, außer denen nur noch die Anbringung der ortsüblichen Namen in kleinerer Schrift gestattet ist,

und zwar, bei Giften der Abteilung 1 in weißer Schrift auf schwarzem Grunde, bei Giften der Abteilungen 2 und 3 in roter Schrift auf weißem Grunde, deutlich und dauerhaft bezeichnet sein. Vorratsgefäße für Mineralsäuren, Laugen, Brom und Jod dürfen mittels Radier- oder Ätzverfahrens hergestellte Aufschriften auf weißem Grunde haben.

Diese Bestimmung findet auf Vorratsgefäße in solchen Räumen, welche lediglich dem Großhandel dienen, nicht Anwendung, sofern in anderer Weise für eine, Verwechselungen ausschließende Kennzeichnung gesorgt ist. Werden jedoch aus derartigen Räumen auch die für eine Einzelverkaufsstätte des Geschäftsinhabers bestimmten Vorräte entnommen, so müssen, abgesehen von der im Geschäfte sonst üblichen Kennzeichnung, die Gefäße nach Vorschrift des Absatzes 1 bezeichnet sein[3]).

§ 5. Die in Abteilung 1 der Anlage I genannten Gifte müssen in einem besonderen, von allen Seiten durch feste Wände umschlossenen Raume (Giftkammer) aufbewahrt werden, in welchem andere Waren als Gifte sich nicht befinden. Dient als Giftkammer ein hölzerner Verschlag, so darf derselbe nur in einem vom Verkaufsraume getrennten Teile des Warenlagers angebracht sein.

---

am wenigsten schädlichen Stoffe. Die Vorschriften für die Abgabe der Gifte der Abteilungen 1 und 2 sind im wesentlichen die gleichen; doch unterliegen die Gifte der Abteilung 1 strengeren Bestimmungen bezüglich der Aufbewahrung. Die Gifte der Abteilung 3 erfahren im Vergleiche zu den Abteilungen 1 und 2 wieder erhebliche Erleichterungen in bezug auf die Abgabe.

[1]) Die in § 2 gegebene allgemeine Bestimmung über die Aufbewahrung von Giften ist eine Grundregel und bezweckt vor allem, eine Vermischung von Nahrungs- oder Genußmitteln mit Giften zu verhüten. Sie schreibt deshalb vor, daß letztere weder über noch unmittelbar neben Nahrungs- oder Genußmitteln aufbewahrt werden dürfen. Nur wenn sich der Aufbewahrungsplatz der Gifte unterhalb des Standortes von Nahrungsmitteln befindet, wäre dagegen nichts einzuwenden.

[2]) Das Material der Vorratsgefäße, in denen Gifte aufbewahrt werden (Glas, Steingut, Porzellan, Holz, Metall usw.), ist freigestellt, da es von den besonderen Eigenschaften des Giftes abhängig sein kann; Papierhüllen sind, da sie nicht fest und dicht sind, ausgeschlossen. Auch über die Art des Verschlusses der Vorratsgefäße bestehen keine besonderen Vorschriften; sie müssen nur so beschaffen sein, daß ein Verstäuben oder Verschütten des Inhaltes, zB. bei der Änderung des Standortes der Gefäße, verhindert wird. Giftige Pflanzen und Pflanzenteile dürfen dagegen auf verschlossenen Giftböden auch in nicht festen Behältnissen, also Säcken, Papierbeuteln oder dergl.

aufbewahrt werden. Ferner dürfen Farben und die Gifte der Abteilungen 2 und 3, sofern sie an der Luft nicht zerfließen oder verdunsten, in festgefügten, mit einem Deckel verschlossenen Schiebladen sich befinden.

[3]) Die Bezeichnungen der Vorratsgefäße sollen nach Maßgabe der in der Anlage I angegebenen Namen erfolgen. Zur Erleichterung für die Verkäufer ist es gestattet, neben den vorgeschriebenen Bezeichnungen noch die ortsüblichen Namen in kleinerer Schrift anzubringen. Wo in der Anlage I Kollektivbezeichnungen, zB. Quecksilberpräparate, gewählt sind, genügt für das einzelne, dieser Gruppe angehörende Präparat eine die Zugehörigkeit zu der Gruppe kennzeichnende Bezeichnung, zB. Quecksilberchlorid. Hinsichtlich der Art und Farbe der Signaturen sind die Vorschriften der Verordnungen übernommen worden, die auf Grund des Bundesratsbeschlusses vom 13. Mai 1896 in den einzelnen Bundesstaaten über die Abgabe stark wirkender Arzneimittel und die Bezeichnung der Standgefäße in den Apotheken erlassen worden sind. Die Art des Anbringens der Aufschriften (durch Einätzen, Einbrennen, Aufmalen, lackierte Papierschilder usw.) ist den Gewerbetreibenden freigestellt. Die Vorratsgefäße für Mineralsäuren, Laugen, Brom und Jod dürfen radierte oder geätzte Aufschriften auf weißem Grunde tragen, weil die meist aufgetragene rote Schrift durch die genannten Substanzen beim Überfließen usw. zerstört wird.

Die **Giftkammer** muß für die darin vorzunehmenden Arbeiten ausreichend durch Tageslicht erhellt und auf der Außenseite der Tür mit der deutlichen und dauerhaften Aufschrift „Gift" versehen sein.

Die Giftkammer darf nur dem Geschäftsinhaber und dessen Beauftragten zugänglich und muß außer der Zeit des Gebrauchs verschlossen sein[1]).

§ 6. Innerhalb der Giftkammer müssen die Gifte der Abteilung 1 in einem verschlossenen Behältnisse (**Giftschrank**) aufbewahrt werden.

Der Giftschrank muß auf der Außenseite der Tür mit der deutlichen und dauerhaften Aufschrift „Gift" versehen sein.

Bei dem Giftschranke muß sich ein Tisch oder eine Tischplatte zum Abwiegen der Gifte befinden.

Größere Vorräte von einzelnen Giften der Abteilung 1 dürfen außerhalb des Giftschrankes aufbewahrt werden, sofern sie sich in verschlossenen Gefäßen befinden[2]).

§ 7. **Phosphor und mit solchem hergestellte Zubereitungen** müssen außerhalb des Giftschrankes, sei es innerhalb oder außerhalb der Giftkammer, unter Verschluß an einem frostfreien Orte in einem feuerfesten Behältnisse und zwar gelber (weißer) Phosphor unter Wasser aufbewahrt werden. Ausgenommen sind **Phosphorpillen**; auf diese finden die Bestimmungen der §§ 5 und 6 Anwendung.

Kalium und Natrium sind unter Verschluß, wasser- und feuersicher und mit einem sauerstoffreien Körper (Paraffinöl, Steinöl oder dergleichen) umgeben, aufzubewahren[3]).

§ 8. Zum ausschließlichen Gebrauch für die Gifte der Abteilung 1 und zum ausschließlichen Gebrauch für die Gifte der Abteilungen 2 und 3 sind **besondere Geräte** (Wagen, Mörser, Löffel und dergleichen) zu verwenden, welche mit der deutlichen und dauerhaften Aufschrift „Gift" in den dem § 4 Absatz 1 entsprechenden Farben versehen sind. In jedem zur Aufbewahrung von giftigen **Farben** dienenden Behälter muß sich ein besonderer **Löffel** befinden. Die Geräte dürfen zu anderen Zwecken nicht gebraucht werden und sind mit Ausnahme der Löffel für giftige Farben stets rein zu halten. Die Geräte für die im Giftschrank befindlichen Gifte sind in diesem aufzubewahren. Auf **Gewichte** finden diese Vorschriften nicht Anwendung.

Der Verwendung **besonderer Wagen** bedarf es nicht, wenn größere Mengen von Giften unmittelbar in den Vorrats- oder Abgabegefäßen gewogen werden[4]).

---

[1]) Während die Gifte der Abteilungen 2 und 3 nur getrennt von den übrigen Waren lagern sollen, sind die starken Gifte der Abteilung 1 in eine **Giftkammer** verwiesen. Im allgemeinen soll ein besonderes Zimmer als Giftkammer benutzt werden; ausnahmsweise kann auch ein allseitig umschlossener, hölzerner **Verschlag** genügen, der aber dann in einem vom Verkaufsraume getrennten Teile des Warenlagers angebracht sein muß, also weder im Verkaufsraume selbst noch auch in allgemein zugänglichen Räumen, wie Hausflur, Kontors usw. Lattenverschläge sind nicht allseitig durch feste Wände umschlossen und daher für andere Giftverkaufsstätten als Apotheken unzulässig, wie auch ein Urteil des K.-G. vom 17. Oktober 1904 (K. G.-A. IV, S. 605) und ein Rundschreiben des Obersanitätskollegiums in Braunschweig vom 14. November 1898 bestätigten. Für Apotheken ist dagegen durch § 9 Abs. 2 ein Lattenverschlag als Giftkammer ausdrücklich zugelassen.

[2]) Innerhalb der Giftkammer müssen die Gifte der Abteilung 1 in einem verschlossenen, durch die deutliche und dauerhafte Aufschrift „Gift" gekennzeichneten Behältnisse (**Giftschrank**) aufbewahrt werden. Manche Gifte der Abteilung 1 sind jedoch in einigen Handelsbetrieben in so großen Mengen vorrätig, daß ihre Unterbringung im Giftschranke unmöglich ist; solche größeren Vorräte an einzelnen Giften dürfen in verschlossenen Gefäßen auch außerhalb des Giftschrankes aber innerhalb der Giftkammer aufbewahrt werden. Bei dem Giftschrank soll ein Tisch oder eine Tischplatte vorhanden sein, um das Abwiegen der Gifte zu ermöglichen. Dieser Tisch bezw. die Tischplatte muß sich jedoch nach einer Entscheidung des K.-G. vom 17. November 1898 (K. G.-A. II, S. 327) ebenso wie der Giftschrank innerhalb der verschlossenen Giftkammer befinden.

[3]) Die besonderen Bestimmungen des § 7 über die **Aufbewahrung von Phosphor**, aus Phosphor hergestellten Zubereitungen, Kalium und Natrium rechtfertigen sich durch die chemischen Eigenschaften dieser Substanzen. Der feuergefährliche Phosphor (gelber und roter) muß außerhalb des Giftschrankes an einem frostfreien Orte in einem feuerfesten Behältnisse, und zwar der gelbe Phosphor unter Wasser, aufbewahrt werden; ausgenommen von den phosphorhaltigen Zubereitungen sind die **Phosphorpillen**, die nicht feuergefährlich sind, aber auch nur diese. Andere Zubereitungen von Phosphor, wie zB. **Phosphorpaste**, müssen dagegen an dem gleichen Ort, wie Phosphor selbst, außerhalb der Giftkammer aufbewahrt werden; so entschied das K.-G. am 3. August 1899 (K. G.-A. II, S. 323).

[4]) § 8 ist nach einem Urteil des K.-G. vom 16. Februar 1905 (K. G.-A. IV, S. 704) dahin zu verstehen, „daß, falls beim Handel mit Giften Geräte, wie Wagen, Mörser, Löffel, verwendet werden, dies besondere Geräte sein müssen, welche zu anderen Zwecken nicht benutzt werden dürfen, und daß ferner zu unterscheiden ist, ob das betreffende Gift der Abteilung 1 oder den Abteilungen 2 bezw.

§ 9. Hinsichtlich der Aufbewahrung von Giften in den Apotheken greifen nachfolgende Abweichungen von den Bestimmungen der §§ 4, 5 und 8 Platz:

(zu § 4.) Die Bestimmungen im § 4 gelten für Apotheken nur insoweit, als sie sich auf die Gefäße für Mineralsäuren, Laugen, Brom und Jod beziehen. Im übrigen bewendet es hinsichtlich der Bezeichnung der Gefäße bei den hierüber ergangenen besonderen Anordnungen.

(zu § 5.) Die Giftkammer darf, falls sie in einem Vorratsraume eingerichtet wird, auch durch einen Lattenverschlag hergestellt werden. Kleinere Vorräte von Giften der Abteilung 1 dürfen in einem besonderen, verschlossenen und mit der deutlichen und dauerhaften Aufschrift „Gift" oder „Venena" oder „Tabula B" versehenen Behältnisse im Verkaufsraume oder in einem geeigneten Nebenraume aufbewahrt werden. Ist der Bedarf an Gift so gering, daß der gesamte Vorrat in dieser Weise verwahrt werden kann, so besteht eine Verpflichtung zur Einrichtung einer besonderen Giftkammer nicht.

(zu § 8.) Für die im vorstehenden Absatz bezeichneten kleineren Vorräte von Giften der Abteilung 1 sind besondere Geräte zu verwenden und in dem für diese bestimmten Behältnisse zu verwahren. Für die in den Abteilungen 2 und 3 bezeichneten Gifte, ausgenommen Morphin, dessen Verbindungen und Zubereitungen, sind besondere Gefäße nicht erforderlich[1]).

---

3 des Verzeichnisses der Gifte angehört, indem die für die Abteilung 1 der Gifte bestimmten Geräte wiederum nicht für Gifte der beiden anderen Abteilungen verwendet werden dürfen und umgekehrt". Die zur Dispensierung der Gifte erforderlichen Geräte sind mit der deutlichen und dauerhaften Aufschrift „Gift" in den durch § 4 Absatz 1 vorgeschriebenen Farben (also für die Gifte der Abteilung 1 in weißer Schrift auf schwarzem Grunde, für die Gifte der Abteilungen 2 und 3 in roter Schrift auf weißem Grunde) zu versehen. Die Gerätschaften müssen nach jedem Gebrauche gründlich gereinigt werden und stets vollkommen rein sein; da dies für die Löffel, die zum Herausnehmen von Farben dienen, nicht ausführbar ist, soll sich in jedem zur Aufbewahrung von giftigen Farben dienenden Behälter ein besonderer Löffel befinden. Die Geräte für die Gifte der Abteilung 1 müssen, wie diese selbst, im Giftschranke aufbewahrt werden. Besondere Gewichte zum Abwiegen von Giften sind nicht erforderlich, weil dieselben mit den Giften beim Abwiegen nicht in Berührung kommen. Für den Fall, daß größere Mengen von Giften unmittelbar in den Vorrats- oder Abgabegefäßen gewogen werden, bedarf man auch keiner besonderen Wagen; hierbei kommt das Gift auch mit der Wage nicht in Berührung.

[1]) Der § 9 trifft Sonderbestimmungen über die Aufbewahrung von Giften in den Apotheken. Hierüber sind bereits folgende reichsrechtliche Bestimmungen vorhanden:

1. Das Arzneibuch für das deutsche Reich. Dasselbe schreibt vor, daß die in der Tabelle B des Arzneibuches aufgeführten Mittel „unter Verschluß und sehr vorsichtig", die in der Tabelle C genannten „von den übrigen Arzneimitteln getrennt und vorsichtig" aufzubewahren sind.

2. Der § 10 des Bundesratsbeschlusses vom 13. Mai 1896, lautend:

„Die Standgefäße sind, sofern sie nicht starkwirkende Mittel enthalten, mit schwarzer Schrift auf weißem Grunde —, sofern sie Mittel enthalten, welche in Tabelle B des Arzneibuches für das Deutsche Reich aufgeführt sind, mit weißer Schrift auf schwarzem Grunde —, sofern sie Mittel enthalten, welche in Tabelle C ebenda aufgeführt sind, mit roter Schrift auf weißem Grunde zu bezeichnen. Standgefäße für Mineralsäuren, Laugen, Brom und Jod dürfen mittels Radier- oder Ätzverfahrens hergestellte Aufschriften auf weißem Grunde haben."

Hierzu treten nun die Bestimmungen der §§ 2—8 der Giftvorschriften mit den durch § 9 bedingten Änderungen und Zusätzen. Den ersten Absatz des § 9 erläuterte nachstehender preußischer Min.-Erl. vom 25. Mai 1898:

„Die Bezeichnung „Gift" an den Standgefäßen der Mineralsäuren usw. ist für die Apotheken nicht verbindlich, wie sich aus § 9 in Verbindung mit § 4 der Polizeiverordnung über den Handel mit Giften ergibt. Der aus dem § 9 angeführte Satz bezieht sich nur auf die Zulässigkeit radierter Schrift für die Standgefäße jener Stoffe."

Da eine derartige Anordnung aber bereits in dem § 10 des Bundesratsbeschlusses vom 13. Mai 1896 enthalten ist (s. oben), so ergibt sich als praktische Konsequenz, daß der ganze § 4 der Giftverordnung für Apotheken überhaupt nicht in Betracht kommt.

§ 9 Abs. 2 gestattet für Apotheken einen Lattenverschlag als Giftkammer (der für andere Giftverkaufsstätten nicht zulässig ist) sowie ein Giftschränkchen in der Offizin. § 9 Abs. 3 bestimmt, daß auch für die Gifte dieses Giftschränkchens besondere Geräte erforderlich sind, aber von den Giften der Abteilungen 2 und 3 nur für Morphin, dessen Verbindungen und Zubereitungen. Über die Bezeichnung dieser Geräte besagte ein preußischer Min.-Bescheid folgendes:

„Die Bezeichnung „Gift" auf den für die Dispensation von Morphin bestimmten Geräten ist mit Rücksicht auf die ungenügende Unterscheidung von den Geräten für die Arzneistoffe der Tabelle B nicht zulässig. Die Geräte sind entweder mit „Tab. C" oder mit „Morphinum" zu bezeichnen."

Abgabe der Gifte.

§ 10. Gifte dürfen nur von dem Geschäftsinhaber oder den von ihm hiermit Beauftragten abgegeben werden[1]).

§ 11. Über die Abgabe der Gifte der Abteilungen 1 und 2 sind in einem mit fortlaufenden Seitenzahlen versehenen, gemäß Anlage II eingerichteten Giftbuche die daselbst vorgesehenen Eintragungen zu bewirken. Die Eintragungen müssen sogleich nach Verabfolgung der Waren von dem Verabfolgenden selbst, und zwar immer in unmittelbarem Anschluß an die nächst vorhergehende Eintragung ausgeführt werden. Das Giftbuch ist zehn Jahre lang nach der letzten Eintragung aufzubewahren.

Die vorstehenden Bestimmungen finden nicht Anwendung auf die Abgabe der Gifte, welche von Großhändlern an Wiederverkäufer, an technische Gewerbetreibende oder an staatliche Untersuchungs- oder Lehranstalten abgegeben werden, sofern über die Abgabe dergestalt Buch geführt wird, daß der Verbleib der Gifte nachgewiesen werden kann[2]).

§ 12. Gift darf nur an solche Personen abgegeben werden, welche als zuverlässig bekannt sind und das Gift zu einem erlaubten gewerblichen, wirtschaftlichen, wissenschaftlichen oder künstlerischen Zwecke benutzen wollen. Sofern der Abgebende von dem Vorhandensein dieser Voraussetzungen sichere Kenntnis nicht hat, darf er Gift nur gegen Erlaubnisschein abgeben.

Die Erlaubnisscheine werden von der Ortspolizeibehörde nach Prüfung der Sachlage gemäß Anlage III ausgestellt. Dieselben werden in der Regel nur für eine bestimmte Menge, ausnahmsweise auch für den Bezug einzelner Gifte während eines ein Jahr nicht übersteigenden Zeitraumes gegeben. Der Erlaubnisschein verliert mit dem Ablaufe des vierzehnten Tages nach dem Ausstellungstage seine Gültigkeit, sofern auf demselben etwas anderes nicht vermerkt ist.

An Kinder unter vierzehn Jahren dürfen Gifte nicht ausgehändigt werden[3]).

§ 13. Die in Abteilung 1 und 2 verzeichneten Gifte dürfen nur gegen schriftliche Empfangsbescheinigung (Giftschein) des Erwerbers verabfolgt werden. Wird das Gift durch einen Beauftragten abgeholt, so hat der Abgebende (§ 10) auch von diesem sich den Empfang bescheinigen zu lassen.

---

[1]) Unter „Abgabe" der Gifte ist nicht nur der Verkauf, sondern jede Art der Verabfolgung, zB. auch das Verschenken von Giften zu verstehen, gleichgültig, auf welchem Wege die Verabfolgung geschieht, ob durch unmittelbare Aushändigung oder durch Übersenden usw.

[2]) Über die Abgabe von Giften der Abteilungen 1 und 2 muß der Gifthändler ein Giftbuch führen.

Die Großhändler mit Giften sind von der Führung eines Giftbuches nach dem vorgeschriebenen Formular befreit, auch wenn sie kleinere Giftmengen an Wiederverkäufer, an technische Gewerbetreibende oder an staatliche Untersuchungs- oder Lehranstalten abgeben; Voraussetzung für diese Ausnahmestellung ist, daß über die Abgabe der Gifte derart Buch geführt wird, daß der Verbleib der Gifte jederzeit nachgewiesen werden kann. Kammerjäger gehören jedoch nach einem Rundschreiben des Braunschweigischen Obersanitätskollegium vom 17. Juni 1903 zu den technischen Gewerbetreibenden, an welche die Abgabe von Giften unter erleichterten Bedingungen zugelassen ist, nicht. Für die Gifte der Abteilung 3 gilt die Vorschrift der Führung eines Giftbuches nicht.

[3]) An Kinder unter 14 Jahren dürfen Gifte überhaupt nicht abgegeben werden. An andere Personen dürfen Gifte nur dann ohne weiteres verabfolgt werden, wenn dem Abgebenden die Zuverlässigkeit sowie die Absicht des Empfängers, das Gift ausschließlich zu erlaubten Zwecken zu benutzen, mit Sicherheit bekannt ist. Als „als zuverlässig bekannt" im Sinne der Giftverordnung sind jedoch nach der Rechtsprechung des K.-G. nur solche Personen anzusehen, die man von früher her tatsächlich kennt, und deren Zuverlässigkeit man auf Grund dieser Kenntnis annimmt (K.-G. 1. November 1900, K. G.-A. III, S. 456; 28. November 1904, K. G.-A. IV, S. 737). Hebammen sind nach einem Erl. des preußischen Min. der Med.-Angeleg. vom 7. Febr. 1905 stets als zuverlässig im Sinne des § 12 der Giftverordnung anzusehen; zur Abgabe von Sublimatpastillen an sie bedarf es daher eines Erlaubnisscheines nicht.

Ein Rundschreiben des Hamburger Medizinalamts vom 21. August 1900 erklärte ferner, daß ein erlaubter gewerblicher Zweck im Sinne des § 12 der Verordnung bei Heilgewerbetreibenden, Zahntechnikern, Heildienern usw. nicht vorauszusetzen ist, falls diese Personen Gifte, die als Heil- oder Vorbeugungsmittel dienen können, zB. Sublimat, Sublimatlösungen, Sublimatpastillen (auch zu Desinfektionszwecken), Zahnpasten mit Arsenik oder anderen starkwirkenden Mitteln in den Apotheken verlangen. Alle diese Mittel dürfen vielmehr nur auf vorschriftsmäßiges Rezept eines in Deutschland approbierten Arztes (Zahnarztes, Tierarztes) abgegeben werden.

In allen Fällen, wo die Zuverlässigkeit nicht bekannt ist, muß sich der Empfänger durch einen von der Ortspolizeibehörde ausgestellten Erlaubnisschein legitimieren. Diese Bestimmung gilt für die Gifte aller drei Abteilungen. Zur Abgabe von anderen arsenhaltigen Ungeziefermitteln als Fliegenpapier ist jedoch stets ein Erlaubnisschein erforderlich (s. § 18 Abs. 3).

Die Bescheinigungen sind nach dem in Anlage IV vorgeschriebenen Muster auszustellen, mit den entsprechenden Nummern des Giftbuchs zu versehen und **zehn Jahre lang aufzubewahren**.

Die Landesregierungen können bestimmen, daß die Empfangsbestätigung desjenigen, welchem das Gift ausgehändigt wird, in einer Spalte des Giftbuchs abgegeben werden darf.

Im Falle des § 11 Absatz 2 ist die Ausstellung eines Giftscheines nicht erforderlich[1]).

§ 14. **Gifte müssen in dichten, festen und gut verschlossenen Gefäßen abgegeben werden**; jedoch genügen für feste, an der Luft nicht zerfließende oder verdunstende Gifte der Abteilungen 2 und 3 dauerhafte Umhüllungen jeder Art, sofern durch dieselben ein Verschütten oder Verstäuben des Inhalts ausgeschlossen wird.

Die **Gefäße oder die an ihre Stelle tretenden Umhüllungen** müssen mit der im § 4 Absatz 1 angegebenen Aufschrift und Inhaltsangabe sowie mit **dem Namen des abgebenden Geschäftes** versehen sein. Bei festen, an der Luft nicht zerfließenden oder verdunstenden Giften der Abteilung 3 darf an Stelle des Wortes Gift die Aufschrift „Vorsicht" verwendet werden.

Bei der **Abgabe an Wiederverkäufer**, technische Gewerbetreibende und staatliche Untersuchungs- oder Lehranstalten genügt indessen jede andere, Verwechselungen ausschließende Aufschrift und Inhaltsangabe; auch brauchen die Gefäße oder die an ihre Stelle tretenden Umhüllungen nicht mit dem Namen des abgebenden Geschäfts versehen zu sein[2]).

§ 15. Es ist verboten, Gifte in **Trink- oder Kochgefäßen oder in solchen Flaschen oder Krügen** abzugeben, deren Form oder Bezeichnung die Gefahr einer Verwechselung des Inhalts mit Nahrungs- oder Genußmitteln herbeizuführen geeignet ist[3]).

§ 16. Auf die Abgabe von Giften als **Heilmittel in den Apotheken** finden die Vorschriften der §§ 11 bis 14 nicht Anwendung[4]).

---

[1]) Die Gifte der Abteilungen 1 und 2 dürfen nur gegen eine 10 Jahre aufzubewahrende Empfangsbescheinigung (**Giftschein**) des Erwerbers oder seines Empfangsbevollmächtigten abgegeben werden; im Falle, daß das Gift für den eigentlichen Erwerber von einem **Dritten** abgeholt wird, muß die Empfangsbescheinigung sowohl von dem Erwerber als auch von dem Abholenden eigenhändig unterschrieben werden.

Die Bestimmung darüber, ob die **Empfangsbescheinigung desjenigen, welchem das Gift ausgehändigt wird, in einer Spalte des Giftbuches abgegeben werden darf oder abgegeben werden muß**, ist den Landesregierungen überlassen geblieben und verschieden getroffen worden. Näheres hierüber ist in Teil II bei den Einführungsverordnungen angegeben.

Für die Abgabe von Giften der Abteilungen 1 und 2 von seiten der **Großhändler an Wiederverkäufer**, an technische Gewerbetreibende oder an staatliche Untersuchungs- und Lehranstalten ist die Ausstellung von Giftscheinen nicht erforderlich. Die Gifte der Abteilung 3 dürfen stets ohne Empfangsbestätigung abgegeben werden.

[2]) Die Vorschriften über die Art der **Abgabegefäße** und ihre Bezeichnung schließen sich an die Bestimmungen über die Beschaffenheit und Bezeichnung der Vorratsgefäße (§ 4) an, doch sind verschiedene Ausnahmen gestattet. So ist eine bestimmte **Farbe der Signaturen** (wie in § 4 für die Aufbewahrungsgefäße) für die Abgabegefäße nicht vorgeschrieben. Ebenso dürfen an der Luft nicht zerfließende oder verdunstende Gifte der Abteilung 3 statt des Wortes Gift die Aufschrift „**Vorsicht**" tragen. Bei der Abgabe von Giften seitens der Großhändler an Wiederverkäufer, technische Gewerbetreibende und staatliche Untersuchungs- oder Lehranstalten genügt jede andere, Verwechslungen ausschließende Aufschrift und Inhaltsangabe, auch ist die Anführung der Firma nicht erforderlich. Letztere Erleichterung wurde durch den Bundesratsbeschluß vom 17. Mai 1901 eingeführt.

[3]) In keinem Falle dürfen Gifte in **Trink- oder Kochgefäßen** oder in solchen Flaschen und Krügen (Weinflaschen, Bierflaschen, Branntweinflaschen, Mineralwasserflaschen und -krügen usw.) abgegeben werden, die gewöhnlich zum Aufbewahren von Nahrungs- oder Genußmitteln dienen. Dieser § 15 der Verordnung gilt, wie aus § 16 hervorgeht, auch für die Abgabe von Giften als Heilmittel in den Apotheken. Jedoch besteht für die Apotheker keine Verpflichtung, zum Handverkauf von Giften sechseckige Flaschen zu verwenden, wie solche durch den Bundesratsbeschluß vom 13. Mai 1896 für die von einem Arzt verordneten äußerlichen Mittel, also für die Rezeptur, vorgeschrieben sind (L.-G. Schneidemühl, 2. Januar 1904, Ph. Ztg. 1904, Nr. 16). Denn auch runde Medizinflaschen sind nach diesem Urteile weder ihrer Form noch ihrer Bezeichnung nach geeignet, zu einer Verwechslung des Inhalts mit Nahrungs- oder Genußmitteln Anlaß zu geben.

[4]) Für die **Abgabe von Giften als Heilmittel in Apotheken** gelten die §§ 11—14 der Giftverordnung nicht. In dieser Beziehung sind vielmehr maßgebend die §§ 1—9 der Vorschriften über die Abgabe stark wirkender Arzneimittel in den Apotheken (Bundesratsbeschluß vom 13. Mai 1896). Die wichtigsten dieser Bestimmungen lauten:

„§ 1. Die in dem beiliegenden Verzeichnis aufgeführten Drogen und Präparate, sowie die solche Drogen oder

Besondere Vorschriften über Farben.

§ 17. Auf gebrauchsfertige Öl-, Harz- oder Lackfarben, soweit sie nicht Arsenfarben sind, finden die Vorschriften der §§ 2 bis 14 nicht Anwendung. Das Gleiche gilt für andere giftige Farben, welche in Form von Stiften, Pasten oder Steinen oder in geschlossenen Tuben zum unmittelbaren Gebrauch fertig gestellt sind, sofern auf jedem einzelnen Stück oder auf dessen Umhüllung entweder das Wort „Gift" beziehungsweise „Vorsicht" und der Name der Farbe oder eine das darin enthaltene Gift erkennbar machende Bezeichnung deutlich angebracht ist[1]).

Ungeziefermittel.

§ 18. Bei der Abgabe der unter Verwendung von Gift hergestellten Mittel gegen schädliche Tiere (sogenannte Ungeziefermittel) ist jeder Packung eine Belehrung über die mit einem unvorsichtigen Gebrauche verknüpften Gefahren beizufügen. Der Wortlaut der Belehrung kann von der zuständigen Behörde vorgeschrieben werden[2]).

Arsenhaltiges Fliegenpapier darf nur mit einer Abkochung von Quassiaholz oder Lösung von Quassiaextrakt zubereitet, in viereckigen Blättern von

---

Präparate enthaltenden Zubereitungen dürfen nur auf schriftliche, mit Datum und Unterschrift versehene Anweisung (Rezept) eines Arztes, Zahnarztes oder Tierarztes — in letzterem Falle jedoch nur zum Gebrauch in der Tierheilkunde — als Heilmittel an das Publikum abgegeben werden.

§ 2. Die Bestimmungen im § 1 finden nicht Anwendung auf solche Zubereitungen, welche nach den, auf Grund des § 6 Absatz 2 der Gewerbeordnung erlassenen kaiserlichen Verordnungen auch außerhalb der Apotheken als Heilmittel feilgehalten und verkauft werden dürfen.

§ 8. Die Vorschriften über den Handel mit Giften werden durch die Bestimmungen in den §§ 1—7 nicht berührt.

§ 9. Die von einem Arzte, Zahnarzte oder Wundarzte zum inneren Gebrauch verordneten flüssigen Arzneien dürfen nur in runden Gläsern mit Zetteln von weißer Grundfarbe, die zum äußeren Verbrauch verordneten flüssigen Arzneien dagegen nur in sechseckigen Gläsern, an welchen drei nebeneinanderliegende Flächen glatt und die übrigen mit Längsrippen versehen sind, mit Zetteln von roter Grundfarbe abgegeben werden. Flüssige Arzneien, welche durch die Einwirkung des Lichtes verändert werden, sind in gelbbraun gefärbten Gläsern abzugeben."

Diese Vorschriften sind also für die Abgabe von Giften als Heilmittel in den Apotheken ausschließlich maßgebend. Die Abgabe von Giften zu einem erlaubten gewerblichen, wirtschaftlichen, wissenschaftlichen oder künstlerischen Zwecke unterliegt in den Apotheken aber, wie in den übrigen Gifthandlungen, den Bestimmungen der §§ 10—15 der Giftverordnung.

Aus dem Wortlaut des § 16 geht ferner deutlich hervor, daß nur die Abgabe von Giften als Heilmittel in den Apotheken ausgenommen ist, auf die Abgabe von Giften als Heilmittel in Drogenhandlungen die Vorschriften der §§ 11—14 somit Anwendung finden; d. h. da § 12 die Abgabe von Gift nur zu einem gewerblichen, wirtschaftlichen, wissenschaftlichen oder künstlerischen Zweck (nicht aber Heilzweck) gestattet, dürfen Gifte, auch wenn sie sonst dem freien Verkehr überlassen sind, zu Heilzwecken in Drogenhandlungen nicht ab-

gegeben werden (K.-G. 30. Januar 1899, 8. Mai 1899, K. G.-A. III, S. 451 und 452). Die Abgabe zB. von chlorsaurem Kali zum Gurgeln gegen Halsschmerzen ist somit in Drogenhandlungen unzulässig.

[1]) In § 17 sind diejenigen Arten Farben angegeben, welche von der Verordnung nicht betroffen werden. Dagegen enthält die Giftverordnung an anderen Stellen folgende positiven Bestimmungen über Farben:

1. Zur Abteilung 1 der Gifte gehören alle Arsenfarben, Uranfarben und Quecksilberfarben mit Ausnahme des Schwefelquecksilbers (Zinnober).

2. Zur Abteilung 3 der Gifte gehören alle Farben, welche Antimon, Baryum, Blei, Chrom, Gummigutti, Kadmium, Kupfer, Pikrinsäure, Zink oder Zinn enthalten, mit Ausnahme von Schwerspat (schwefelsaurem Baryum), Chromoxyd, Kupfer, Zink, Zinn und deren Legierungen als Metallfarben, Schwefelkadmium, Schwefelzink, Schwefelzinn (als Musivgold), Zinkoxyd, Zinnoxyd.

3. Alle unter die Verordnung fallenden Farben dürfen in Schiebladen aufbewahrt werden, sofern die Schiebladen mit Deckeln versehen, von festen Füllungen umgeben und so beschaffen sind, daß ein Verschütten oder Verstäuben des Inhaltes ausgeschlossen ist. In jedem zur Aufbewahrung von giftigen Farben dienenden Behälter muß sich ein besonderer Löffel befinden (§§ 3 und 8).

Ein Verzeichnis der gebräuchlichsten giftigen Farben ist auf Seite 15 abgedruckt.

[2]) Die Verpflichtung zur Beigabe von belehrenden Warnungen bei Abgabe von Ungeziefermitteln bezieht sich nicht nur auf solche Präparate, welche sich selbst als Gifte im Sinne der Anlage I erweisen, sondern auf alle Zubereitungen, welche unter Verwendung eines in der Anlage I genannten Giftes hergestellt und zur Vertilgung schädlicher Tiere irgend welcher Art bestimmt sind. Der Kreis der Mittel, die von dieser Bestimmung betroffen werden, ist also ein erheblich größerer, wie der den übrigen Paragraphen der Verordnung unterliegenden Präparate. Der Wortlaut der Belehrungen kann von der zuständigen Behörde vorgeschrieben werden. Das ist jedoch nur vereinzelt geschehen, so besonders in Bayern, Hamburg, Lippe, Württemberg und in den preußischen Regierungsbezirken Königsberg, Wiesbaden und Stadtkreis Berlin.

12 : 12 cm, deren jedes nicht mehr als 0,01 g arsenige Säure enthält und auf beiden Seiten mit drei Kreuzen, der Abbildung eines Totenkopfes und der Aufschrift „Gift" in schwarzer Farbe deutlich und dauerhaft versehen ist, feilgehalten oder abgegeben werden. Die Abgabe darf nur in einem dichten Umschlage erfolgen, auf welchem in schwarzer Farbe deutlich und dauerhaft die Inschriften „Gift" und „Arsenhaltiges Fliegenpapier" und im Kleinhandel außerdem der Name des abgebenden Geschäfts angebracht ist [1]).

Andere arsenhaltige Ungeziefermittel dürfen nur mit einer in Wasser leicht löslichen grünen Farbe vermischt feilgehalten oder abgegeben werden; sie dürfen nur gegen Erlaubnisschein (§ 12) verabfolgt werden [2]).

Strychninhaltige Ungeziefermittel dürfen nur in Form von vergiftetem Getreide, welches in tausend Gewichtsteilen höchstens fünf Gewichtsteile salpetersaures Strychnin enthält und dauerhaft dunkelrot gefärbt ist, feilgehalten oder abgegeben werden [3]).

Vorstehende Beschränkungen können zeitweilig außer Wirksamkeit gesetzt werden, wenn und soweit es sich darum handelt, unter polizeilicher Aufsicht außerordentliche Maßnahmen zur Vertilgung von schädlichen Tieren, zB. Feldmäusen, zu treffen.

---

[1]) Durch die erste Giftverordnung vom Jahre 1894 war das Feilhalten und die Abgabe von arsenhaltigem Fliegenpapier überhaupt verboten. Die Wiederzulassung desselben zum Verkehr ist erst durch den Bundesratsbeschluß vom 17. Mai 1901 erfolgt. Jedoch ist nur die Abgabe eines nach den obigen Vorschriften zubereiteten und verpackten Fliegenpapiers gestattet. Die Rechtslage desselben ist nunmehr folgende: Das arsenhaltige Fliegenpapier fällt unter Abteilung 1 der Gifte und gehört zu der Position: „Arsen, dessen Verbindungen und Zubereitungen, auch Arsenfarben." Somit muß es nach den in der Verordnung getroffenen allgemeinen Bestimmungen über die Aufbewahrung der Gifte (§§ 2—9), wie alle anderen Gifte der Abteilung 1, in der Giftkammer aufbewahrt werden. Nur in Apotheken darf an deren Stelle das Giftschränkchen der Offizin treten.

Auch die Abgabe des Fliegenpapiers regelt sich nach den allgemeinen Bestimmungen (§§ 10—16). Sie darf demgemäß nur gegen Eintragung ins Giftbuch und Ausstellung eines Giftscheines erfolgen. Ein Erlaubnisschein ist jedoch nach § 12 nur dann erforderlich, wenn die das Mittel erhaltende Person nicht „als zuverlässig bekannt" ist. Das im § 18 enthaltene Gebot: „andere arsenhaltige Ungeziefermittel" in jedem Falle nur gegen Erlaubnisschein abzugeben, bezieht sich, wie aus seinem Wortlaut und seiner Stellung hinter dem arsenhaltigen Fliegenpapier unfehlbar hervorgeht, eben nur auf „andere" arsenhaltige Mittel, nicht aber auf das Fliegenpapier. Diese Auffassung hat auch der Reichskanzler in einem Zirkular vom 26. Januar 1903 seinerseits als die richtige bezeichnet. Darauf sind dann in den meisten Bundesstaaten noch besondere amtliche Erlasse ergangen, welche die Modalitäten der „Abgabe" arsenhaltigen Fliegenpapieres in dieser Weise klarstellten. Die in Preußen unter dem 15. Juni 1903 erlassene diesbezügliche Verfügung der beteiligten Minister hat zB. folgenden Wortlaut:

„Zu der Vorschrift in dem § 18 Abs. 2 der Polizeiverordnung über den Handel mit Giften wird gegenüber hervorgetretenen Zweifeln bemerkt, daß die Verabfolgung von arsenhaltigem Fliegenpapier nicht von der Beibringung eines Erlaubnisscheines (§ 12 der Pol.-Verord.) abhängig gemacht werden sollte. Es hat indes nicht die Absicht bestanden, die Abgabe arsenhaltigen Fliegenpapiers auch von dem Erfordernis der in § 13 der Polizeiverordnung für die Verabfolgung von Giften der Abteilung 1 und 2 vorgeschriebenen Empfangsbescheinigung auszunehmen."

[2]) Alle anderen arsenhaltigen Ungeziefermittel außer Fliegenpapier, also zB. auch arsenhaltige Phosphorpillen (Württemb. Min.-Erl. vom 4. Februar 1898) dürfen nur gegen Erlaubnisschein abgegeben werden und müssen mit einer in Wasser leicht löslichen grünen Farbe gefärbt sein. Aus dieser Forderung ergibt sich, zB. wie eine Bk. des badischen Ministeriums d. I. vom 4. Februar 1903 besagte, „daß Schweinfurter Grün nicht als ein mit einer löslichen grünen Farbe vermischtes arsenhaltiges Ungeziefermittel anzusehen ist. Es stellt vielmehr eine zur Verwendung als Farbe bestimmte Doppelverbindung von arsenigsaurem und essigsaurem Kupfer dar und ist im Wasser nicht löslich." Daher müßte Schweinfurter Grün, wenn es als Ungeziefermittel dienen soll, noch besonders mit einer wasserlöslichen grünen Farbe vermischt sein.

Die Forderung der Grünfärbung ist so zu verstehen, daß das Ungeziefermittel, um es von vornherein verdächtig zu machen, nicht etwa erst beim Zusammentreffen mit Wasser sich grün färben, sondern an sich schon deutlich grün erscheinen soll (Braunschw. Ober-Sanitätskollegium, Bk. vom 18. Mai 1896).

[3]) Von strychninhaltigen Ungeziefermitteln ist nur das Strychningetreide (Strychninweizen usw.) in der oben angegebenen Zusammensetzung gestattet, die Abgabe anderer strychninhaltiger Mittel ist verboten. Diese Bestimmung bezieht sich aber nur auf strychnin-„haltige" Ungeziefermittel, also „Zubereitungen" von Strychnin, schließt daher die Abgabe von reinem Strychnin zu einem erlaubten wirtschaftlichen Zweck, wie zB. zur Vertilgung von Mäusen, Raubzeug u. dergl., nicht aus (K.-G. 28. März 1898, K.G.-A. II, S. 317; Technische Kommission für pharm. Angelegenheiten 3. Juli 1900, Ph. Ztg. 1900, Nr. 74). Jedoch darf reines Strychnin im Kleinhandel nach der Kaiserl. Verordnung vom 22. Oktober 1901 nur in Apotheken verabfolgt werden (s. Seite 14).

Gewerbebetrieb der Kammerjäger.

§ 19. Personen, welche gewerbsmäßig schädliche Tiere vertilgen (Kammerjäger) müssen ihre Vorräte von Giften und gifthaltigen Ungeziefermitteln unter Beachtung der Vorschriften in den §§ 2, 3, 4, 7 und, soweit sie die Vorräte nicht bei Ausübung ihres Gewerbes mit sich führen, in verschlossenen Räumen, welche nur ihnen und ihren Beauftragten zugänglich sind, aufbewahren. Sie dürfen die Gifte und die Mittel an andere nicht überlassen[1]).

---

[1]) Die Kammerjäger, die sich gewerbsmäßig mit der Vertilgnng von Ungeziefer befassen, sind im allgemeinen nicht zugleich gewerbsmäßige Gifthändler; sie werden daher von den Vorschriften über den Handel mit Giften an sich nicht berührt. Da die Kammerjäger indessen größere Mengen von Giften für ihren Gewerbebetrieb vorrätig zu halten pflegen, sind für sie einzelne Vorschriften bezüglich

§ 20. Die Bestimmungen der §§ 4 und 6 über die Bezeichnung der Vorratsgefäße und die Behältnisse und Geräte innerhalb der Giftkammer finden auf Neuanschaffungen und Neueinrichtungen sofort, im übrigen vom . . . ten . . . . 189 . . ab Anwendung.

Für Gewerbebetriebe, welche bereits vor Erlaß dieser Verordnung bestanden haben, können Ausnahmen von den Vorschriften des § 5 bis zum . . . ten . . . . 189 . . nachgelassen werden.

---

der Aufbewahrung der Gifte gegeben worden. Die Kammerjäger dürfen ferner die giftigen Ungeziefermittel nur persönlich benutzen oder durch ihre Beauftragten benutzen lassen; an andere Personen dürfen sie weder die Gifte, noch die giftigen Ungeziefermittel überlassen. Soweit die Kammerjäger neben ihrem Gewerbe gleichzeitig den Gifthandel betreiben, fallen sie selbstverständlich unter die allgemeinen Vorschriften über den Handel mit Giften.

Verzeichnis der Gifte.

Anlage I.

Abteilung 1[1]).

Akonitin, dessen Verbindungen und Zubereitungen,
Arsen, dessen Verbindungen und Zubereitungen, auch Arsenfarben,
Atropin, dessen Verbindungen und Zubereitungen,
Brucin, dessen Verbindungen und Zubereitungen,
Curare und dessen Präparate,
Cyanwasserstoffsäure (Blausäure), Cyankalium, die sonstigen cyanwasserstoffsauren Salze und deren Lösungen, mit Ausnahme des Berliner Blau (Eisencyanür) und des gelben Blutlaugensalzes (Kaliumeisencyanür),
Daturin, dessen Verbindungen und Zubereitungen,
Digitalin, dessen Verbindungen und Zubereitungen,
Emetin, dessen Verbindungen und Zubereitungen,
Erythrophlein, dessen Verbindungen und Zubereitungen,
Fluorwasserstoffsäure (Flußsäure),
Homatropin, dessen Verbindungen und Zubereitungen,
Hyoscin (Duboisin), dessen Verbindungen und Zubereitungen,
Hyoscyamin (Duboisin), dessen Verbindungen und Zubereitungen,
Kantharidin, dessen Verbindungen und Zubereitungen,
Kolchicin, dessen Verbindungen und Zubereitungen,
Koniin, dessen Verbindungen und Zubereitungen,
Nikotin, dessen Verbindungen und Zubereitungen,
Nitroglycerinlösungen,
Phosphor (auch roter, sofern er gelben Phosphor enthält) und die damit bereiteten Mittel zum Vertilgen von Ungeziefer,
Physostigmin, dessen Verbindungen und Zubereitungen,
Pikrotoxin,
Quecksilber-Präparate, auch Farben außer Quecksilberchlorür (Kalomel) und Schwefelquecksilber (Zinnober),
Salzsäure, arsenhaltige *),
Schwefelsäure, arsenhaltige *),
Skopolanin, dessen Verbindungen u. Zubereitungen,
Strophanthin,
Strychnin, dessen Verbindungen u. Zubereitungen, mit Ausnahme von strychninhaltigem Getreide,
Uransalze, lösliche, auch Uranfarben,
Veratrin, dessen Verbindungen u. Zubereitungen,

*) Anmerkung: Salzsäure und Schwefelsäure gelten als arsenhaltig, wenn 1 ccm der Säure, mit 3 ccm Zinnchlorürlösung versetzt, innerhalb 15 Minuten eine dunklere Färbung annimmt. Bei der Prüfung auf den Arsengehalt ist, sofern es sich um konzentrierte Schwefelsäure handelt, zunächst 1 ccm durch Eingießen in 2 ccm Wasser zu verdünnen und 1 ccm von dem erkalteten Gemische zu verwenden. Zinnchlorürlösung ist aus 5 Gewichtsteilen kristallisierten Zinnchlorür, die mit 1 Gewichtsteile Salzsäure anzurühren und vollständig mit trocknem Chlorwasserstoffe zu sättigen sind, herzustellen, nach dem Absetzen durch Asbest zu filtrieren und in kleinen, mit Glasstopfen verschlossenen, möglichst angefüllten Flaschen aufzubewahren.

Abteilung 2[2]).

Acetanilid (Antifebrin),
Adoniskraut,
Äthylenpräparate,
Agaricin,
Akomit -extrakt, -knollen, -kraut, -tinktur,

---

[1]) Für die Gifte der Abt. 1 gilt folgendes:
Bezeichnung: mit Ausnahme der Mineralsäuren: weiße Schrift auf schwarzem Grunde.
Aufbewahrung: mit Ausnahme von Phosphor im Giftschrank bezw. der Giftkammer.
Abgabe: gegen Giftschein und Eintragung ins Giftbuch, bei nicht als zuverlässig bekannten Personen sowie bei anderen arsenhaltigen Ungeziefermitteln als Fliegenpapier außerdem nur gegen Erlaubnisschein.

[2]) Für die Gifte der Abt. 2 gilt folgendes:
Bezeichnung: mit Ausnahme von Brom: rote Schrift auf weißem Grunde.
Aufbewahrung: von anderen Waren getrennt, weder über noch unmittelbar neben Nahrungs- oder Genußmitteln.
Abgabe: gegen Giftschein und Eintragung ins Giftbuch, bei nicht als zuverlässig bekannten Personen außerdem nur gegen Erlaubnisschein.

Amylenhydrat,
Amylnitrit,
Apomorphin,
Belladonna -blätter, -extrakt, -tinktur, -wurzel,
Bilsen -kraut, -samen, Bilsenkraut -extrakt, -tinktur,
Bittermandelöl, blausäurehaltiges,
Brechnuß (Krähenaugen), sowie die damit hergestellten Ungeziefermittel, Brechnußextrakt -tinktur,
Brechweinstein,
Brom,
Bromäthyl,
Bromalhydrat,
Bromoform,
Butylchloralhydrat,
Calaber -extrakt, -samen, -tinktur,
Cardol,
Chloräthyliden, zweifach,
Chloralformamid,
Chloralhydrat,
Chloressigsäuren,
Chloroform,
Chromsäure,
Cocain, dessen Verbindungen und Zubereitungen,
Convallamarin, dessen Verbindungen und Zubereitungen,
Convallarin, dessen Verbindungen u. Zubereitungen,
Elaterin, dessen Verbindungen u. Zubereitungen,
Erythrophleum,
Euphorbium,
Fingerhut -blätter, -essig, -extrakt, -tinktur,
Gelsemium -wurzel, -tinktur,
Giftlattich -extrakt, -kraut, -saft (Laktukarium),
Giftsumach -blätter, -extrakt, -tinktur,
Gottesgnaden-kraut, -extrakt, -tinktur,
Gummigutti, dessen Lösungen und Zubereitungen,
Hanf indischer -extrakt, -tinktur,
Hydroxylamin, dessen Verbindungen und Zubereitungen,
Jalapen -Harz, -knollen, -tinktur,
Kirschlorbeeröl,

Kodein, dessen Verbindungen und Zubereitungen,
Kokkelskörner,
Kotoin,
Krotonöl,
Morphin, dessen Verbindungen und Zubereitungen,
Narcein, dessen Verbindungen und Zubereitungen,
Narkotin, dessen Verbindungen und Zubereitungen,
Nieswurz (Helleborus), grüne, -extrakt, -tinktur, -wurzel,
Nieswurz (Helleborus), schwarze, -extrakt, -tinktur, -wurzel,
Nitrobenzol (Mirbanöl),
Opium und dessen Zubereitungen mit Ausnahme von Opium -pflaster und -wasser,
Oxalsäure, (Kleesäure, sog. Zuckersäure),
Paraldehyd,
Pental,
Pilokarpin, dessen Verbindungen u. Zubereitungen,
Sabadill -extrakt, -früchte, tinktur,
Sadebaum -spitzen, -extrakt, -öl,
Sankt-Ignatius -samen, -tinktur,
Santonin,
Scammonia -Harz, (Scammonium) -wurzel,
Schierling (Konium) -kraut, -extrakt, -früchte, -tinktur,
Senföl, ätherisches,
Spanische Fliege und deren weingeistige u. ätherische Zubereitungen,
Stechapfel -blätter, -extrakt, -samen, -tinktur — ausgenommen zum Rauchen oder Räuchern —,
Strophantus -extrakt, -samen, -tinktur,
Strychninhaltiges Getreide,
Sulfonal und dessen Ableitungen,
Thallin, dessen Verbindungen und Zubereitungen,
Urethan,
Veratrum (weiße Nießwurz) -tinktur, -wurzel,
Wasserschierling -kraut, -extrakt,
Zeitlosen -extrakt, -knollen, -samen, -tinktur, -wein.

Abteilung 3[1]).

Antimonchlorür, fest oder in Lösung,
Baryumverbindungen außer Schwerspath (schwefelsaurem Baryum),
Bittermandelwasser,
Bleiessig,
Bleizucker,
Brechwurzel (Ipecacuanha) -extrakt, -tinktur, -wein,
Farben, welche Antimon, Baryum, Blei, Chrom, Gummigutti, Kadmium, Kupfer, Pikrinsäure, Zink oder Zinn enthalten, mit Ausnahme von: Schwerspat (schwefelsaurem Baryum), Chromoxyd, Kupfer, Zink, Zinn und deren Legierungen als Metallfarben, Schwefelkadmium, Schwefelzink, Schwefelzinn (als Musivgold), Zinkoxyd, Zinnoxyd,
Goldsalze,
Jod und dessen Präparate, ausgenommen zuckerhaltiges Eisenjodür und Jodschwefel,
Jodoform,
Kadmium und dessen Verbindungen, auch mit Brom oder Jod,
Kalilauge, in 100 Gewichtsteilen mehr als 5 Gewichtsteile, Kaliumhydroxyd enthaltend,
Kalium,
Kaliumbichromat (rotes chromsaures Kalium, sog. Chromkali),
Kaliumbioxalat (Kleesalz),
Kaliumchlorat (chlorsaures Kalium,
Kaliumchromat (gelbes chromsaures Kalium),
Kaliumhydroxyd (Ätzkali),
Karbolsäure, auch rohe, sowie deren verflüssigte und verdünnte, in 100 Gewichtsteilen mehr als 3 Gewichtsteile Karbolsäure enthaltend,
Kirschlorbeerwasser,
Koffein, dessen Verbindungen und Zubereitungen,

Koloquinthen -extrakt, -tinktur,
Kreosot,
Kresole **und deren Zubereitungen (Kresolseifenlösungen, Lysol, Lysosolveol usw.) sowie deren Lösungen, soweit sie in 100 Gewichtsteilen mehr als 1 Gewichtsteil der Kresolzubereitung enthalten**[2])
Kupferverbindungen,
Lobelien -kraut, -tinktur,
Meerzwiebel -extrakt, -tinktur, -wein,
Mutterkornextrakt, (Ergotin),
Natrium,
Natriumbichromat,
Natriumhydroxyd (Ätznatron, Seifenstein),
Natronlauge, in 100 Gewichtsteilen mehr als 5 Gewichtsteile Natrium-Hydroxyd enthaltend,
Paraphenylendiamin, dessen Salze, Lösungen und Zubereitungen,
Phenazetin,
Pikrinsäure und deren Verbindungen,
Quecksilberchlorür (Kalomel),
Salpetersäure (Scheidewasser), auch rauchende
Salzsäure, **arsenfreie** *), auch verdünnte, in 100 Gewichtsteilen mehr als 15 Gewichtsteile wasserfreie Säure enthaltend,
Schwefelkohlenstoff,
Schwefelsäure **arsenfreie** *), auch verdünnte, in 100 Gewichtsteilen mehr als 15 Gewichtsteile Schwefelsäuremonohydrat enthaltend,
Silbersalze, mit Ausnahme von Chlorsilber,
Stephans (Staphisagria) -körner,
Zinksalze, mit Ausnahme von Zinkkarbonat,
Zinnsalze.

*) Anmerkung: Siehe Anmerkung zu Abteilung 1.

---

[1]) Für die Gifte der Abt. 3 gilt folgendes:
Bezeichnung: mit Ausnahme von Mineralsäuren, Laugen und Jod: rote Schrift auf weißem Grunde.
Aufbewahrung: von anderen Waren getrennt, weder über noch unmittelbar neben Nahrungs- oder Genußmitteln.
Abgabe: ohne Giftschein und ohne Eintragung ins Giftbuch, bei nicht als zuverlässig bekannten Personen aber nur gegen Erlaubnisschein.

[2]) Zu den Kresolzubereitungen gehören außer den in der Verordnung selbst genannten insbesondere noch folgende Präparate: Bacillol, Bavarol, Crelium, Enterol, Germol, Kresamin, Kresapol, Kresin, Kresolin, Kresylol, Kresylsäure, Liquor desinfectans, Lysitol, Lysopast, Metakalin, Phenolin, Sapokarbol, Sapokresol, Saprol, Solutol, Solveol, Tikresol, Trikresolamin.
Creolin ist nach einem preußischen Min.-Erl. vom 6. April 1906 nicht als Kresolzubereitung anzusehen.

Giftbuch.

Anlage II.

Lfde. Nr.	Bezeichnung des Erlaubnisscheins nach Behörde und Nummer	Tag der Abgabe	Des Giftes		Zweck, zu welchem das Gift vom Erwerber benutzt werden soll	Des Erwerbers		Des Abholenden		Name des Verabfolgenden	Eigenhändige Namensschrift des Empfängers *)
			Name	Menge		Name und Stand	Wohnort (Wohnung)	Name und Stand	Wohnort (Wohnung)		

*) Dieser Spalte bedarf es nur dann, wenn gemäß § 13 Absatz 3 die Abgabe der Empfangsbestätigung im Giftbuch zugelassen ist.

Anlage III.

(Name der ausstellenden Behörde.)
Nr. . . .

Erlaubnisschein zum Erwerb von Gift.

Der p. (Name, Stand) . . . . , zu (Wohnort und Wohnung) . . . . die (Firma) . . . . wünscht (Menge) . . . . (Name des Gifts) . . . . zu erwerben, um damit . . . . (Zweck, zu welchem das Gift benutzt werden soll) . . . .

Gegen dieses Vorhaben ist diesseits nach stattgefundener Prüfung nichts zu erinnern.

. . . .
. . . .
. . . . den . . ten . . . . 19 .

(Bezeichnung der ausstellenden Behörde.)
(Namensunterschrift.)
(Siegel.)

Dieser Schein macht die Ausstellung einer Empfangsbescheinigung (Giftschein) gemäß § 13 nicht entbehrlich. Er verliert mit dem Ablauf des 14. Tages nach dem Ausstellungstage seine Gültigkeit, sofern etwas anderes oben nicht ausdrücklich vermerkt ist.

Anlage IV.

Nr. . . . (des Giftbuchs).

Giftschein.

Von (Firma des abgebenden Geschäfts) . . , . . . zu (Ort) . . . . bekenne ich hierdurch . . . . . . (Menge) . . . . . . (Name des Gifts) . . . . zum Zwecke de . . . . wohl verschlossen und bezeichnet erhalten zu haben.

Der aus einem unvorsichtigen Gebrauche des Giftes entstehenden Gefahren wohl bewußt, werde ich dafür Sorge tragen, daß dasselbe nicht in unbefugte Hände gelangt und nur zu dem vorgedachten Zwecke verwendet wird.

Das Gift soll durch . . . abgeholt werden.

(Wohnort, Tag, Monat, Jahr
und Wohnung.)
(Name und Vorname,
Stand oder Beruf
des Erwerbers.)
(Eigenhändig geschrieben.)

(Zusatz, falls das Gift durch einen anderen abgeholt wird.)

Das oben bezeichnete Gift habe ich im Auftrage des . . . . (Namen des Erwerbers) in Empfang genommen und verspreche, dasselbe alsbald unversehrt an meinen Auftraggeber abzuliefern.

(Ort, Tag, Monat, Jahr.)
(Name und Vorname,
Stand oder Beruf des Abholenden)
(Eigenhändig geschrieben.)

2. Dem freien Verkehr entzogene Gifte.

Die in dem nachstehenden Verzeichnisse aufgeführten Stoffe dürfen, gleichviel zu welchem Zwecke sie dienen sollen, außerhalb der Apotheken nicht feilgehalten oder verkauft werden. Nur der Großhandel und der Verkauf an Apotheken oder an solche öffentliche Anstalten, welche Untersuchungs- oder Lehrzwecken dienen und nicht gleichzeitig Heilanstalten sind, unterliegt dieser Beschränkung nicht. Bei den mit * versehenen Stoffen sind auch die Abkömmlinge der betreffenden Stoffe sowie die Salze der Stoffe und ihrer Abkömmlinge inbegriffen (Kais. V. betr. den Verkehr mit Arzneimitteln vom 22. Oktober 1901, § 2 und Verzeichnis B, § 3).

*Acetanilidum.
Acida chloracetica.
Acidum benzoïcum e resina sublimatum.
— camphoricum.
— cathartinicum.
— cinnamylicum.
— chrysophanicum.
— hydrobromicum,
— hydrocyanicum.
*— lacticum.
*— osmicum.
— sclerotinicum.
*— sozojodolicum.
— succinicum.
*— sulfocarbolicum.
*— valerianicum.
*Aconitinum.
Actolum.
Adonidinum.
Aether bromatus.
— chloratus.
— jodatus.
Aethyleni praeparata.
Aethylidenum bichloratum.
Agraricinum.
Airolum.   [cum tartari-
Aluminium acetico
Ammonium chloratum ferratum.
Amylenum hydratum.
Amylium nitrosum.
Anthrarobinum.
*Apomorphinum.
Aqua Amygdalarum amararum.
— Lauro-cerasi.
— Opii.
— vulneraria spirituosa.
*Arecolinum.
Argentaminum.
Argentolum.
Argoninum.
Aristolum.
Arsenium jodatum.
*Atropinum.
Betolum.
Bismutum bromatum.
— oxyjodatum.
— subgallicum (Dermatolum).
— subsalicylicum.
— tannicum.
Blatta orientalis.
Bromalum hydratum.
Bromoformium.
*Brucinum.

Bulbus Scillae siccatus,
Butylchloralum hydratum.
Camphora monobromata.
Cannabinonum.
Cannabinum tannicum.
Cantharides.
Cantharidinum.
Cardolum.
Castoreum canadense.
— sibiricum.
Cerium oxalicum.
*Chinidinum.
*Chininum.
Chinoïdinum.
Chloralum formamidatum.
— hydratum.
Chloroformium.
Chrysarobinum.
*Cinchonidinum.
Cinchoninum.
*Cocaïnum.
*Coffeïnum.
Colchicinum.
*Coniinum.
Convallamarinum.
Convallarinum.
Cortex Chinae.
— Condurango.
— Granati.
— Mezereï.
Cotoinum.
Cubebae.
Cuprum aluminatum.
— salicylicum.
Curare.
*Curarinum.
Delphininum.
*Digitalinum.
*Digitoxinum.
*Duboisinum.
*Emetinum.
*Eucaïnum.
Euphorbium.
Europhenum.
Fel tauri depuratum siccum.
Ferratinum.
Ferrum arsenicicum.
— arsenicosum.
— carbonicum saccharatum.
— citricum ammoniatum.
— jodatum saccharatum.
— oxydatum dialysatum.
— oxydatum saccharatum.
— peptonatum.
— reductum.
— sulfuricum oxydatum ammoniatum.

Ferrum sulfuricum siccum.
Flores Chinae.
— Koso.
Folia Belladonnae.
— Bucco.
— Cocae.
— Digitalis.
— Jaborandi.
— Rhois toxicodendri.
— Stramonii.
Fructus Papaveris immaturi.
Fungus laricis.
Galbanum.
*Guajacolum.
Hamamelis virginica.
Haemalbuminum.
Herba Aconiti.
— Adonidis.
— Cannabis indicae.
— Cicutae virosae.
— Conii.
— Gratiolae.
— Hyoscyami.
— Lobeliae.
*Homatropinum,
Hydrargyrum aceticum.
— bijodatum.
— bromatum.
— chloratum.
— cyanatum.
— formamidatum.
— jodatum.
— oleïnicum.
— oxydatum via humida paratum.
— peptonatum.
— praecipitatum album.
— salicylicum.
— tannicum oxydulatum.
*Hydrastininum.
*Hyoscyaminum.
Itrolum.
Jodoformium.
Jodolum.
Kaïrinum.
Kaïrolinum.
Kalium jodatum.
Kamala.
Kosinum.
Kreosotum (e ligno paratum).
Lactophenínum.
Lactucarium.
Larginum.
Lithium benzoïcum.
— salicylicum.
Losophanum.

Magnesium citricum effervescens.
— salicylicum.
Manna.
Methylenum bichloratum.
Methylsulfonalum (Trionalum).
Muscarinum.
Natrium aethylatum.
— benzoïcum.
— jodatum.
— pyrophosphoricum ferratum.
— salicylicum.
— santoninicum.
— tannicum.
*Nosophenum.
Oleum Chamomillae aethereum.
— Crotonis.
— Cubebarum.
— Matico.
— Sabinae.
— Santali.
— Sinapis.
— Valerianae.
Opium, ejus alcaloida eorumque salia et derivata eorumque salia. (Codeïnum, Heroïnum, Morphinum, Narceïnum, Narcotinum, Peroninum, Thebaïnum et alia.)
*Orexinum.
*Orthoformium.
Paracotoïnum.
Paraldehydum.
Pasta Guarana.
*Pelletierinum.
*Phenacetinum.
*Phenocollum.
*Phenylum salicylicum (Salolum).
*Physostigminum (Eserinum).
Picrotoxinum.
*Pilocarpinum.
*Piperazinum.
Plumbum jodatum.
— tannicum.
Podophyllinum.
Praeparata organotherapeutica.
Propylaminum.
Protargolum.
*Pyrazolonum phenyldimethylicum (Antipyrinum)

Radix Belladonnae.
— Colombo.
— Gelsemii.
— Ipecacuanhae.
— Rheï.
— Sarsaparillae.
— Senegae.
Resina Jalapae.
— Scammoniae.
Resorcinum purum.
Rhizoma Filicis.
— Hydrastis.
— Veratri.
Salia glycerophosphorica.
Salophenum.
Santoninum.

*Scopolaminum.
Secale cornutum.
Semen Calabar.
— Colchici.
— Hyoscyami.
— St. Ignatii.
— Stramonii.
— Strophanthi.
— Strychni.
Sera therapeutica, liquida et sicca et eorum praeparata ad usum humanum.
*Sparteïnum.
Stipites Dulcamarae.
*Strychninum.
*Sulfonalum.

Sulfur jodatum.
Summitates Sabinae.
Tannalbinum.
Tannigenum.
Tannoformium.
Tartarus stibiatus.
Terpinum hydratum.
Tetronalum.
*Thallinum.
*Theobrominum.
Thioformium.
*Tropacocaïnum.
Tubera Aconiti.
— Jalapae.
Tuberculinum.

Tuberculocidinum.
*Urethanum.
*Urotropinum.
Vasogenum et ejus praeparata.
*Veratrinum.
Xeroformium.
*Yohimbinum.
Zincum aceticum.
— chloratum purum.
— cyanatum.
— permanganicum.
— salicylicum.
— sulfoichthyolicum.
— sulfuricum purum.

3. Giftige Farben.

I. **Farben,** welche zu den Giften der **Abteilung 1** der Verordnung gehören, sind: **Arsen-, Quecksilber-** und **Uranfarben.** Nur die erstgenannten finden allgemeinere Verwendung; die Benutzung der letztgenannten zwei ist auf wenige spezielle Gebiete beschränkt.

Arsenfarben.

a) **rote:** Zweifach Schwefelarsen unter den Namen:

Rotes Schwefelarsen   Rote Arsenblende
Realgar   Rubinschwefel
Sandarak od. Sandarach   Rauschrot.
Rotes Arsenglas

b) **gelbe:** Dreifach Schwefelarsen unter den Namen:

Gelbes Schwefelarsen   Gelbes Arsenglas
Auripigment   Gelbe Arsenblende
Operment   Rauschgelb.
Königsgelb

c) **grüne:** Arsensaures Kupferoxyd, für sich oder in Gemischen unter den Namen:

Schweinfurter Grün   Würzburger Grün
Basler   „   Zwickauer   „
Englisch   „   Berggrün
Kirchberger „   Grundiergrün
Leipziger   „   Kaisergrün
Neuwieder   „   Maigrün
Pariser   „   Mitisgrün
Scheele's   „   Moosgrün
Schwedisch   „   Neugrün
Schweizer   „   Papageigrün
Wiener   „   Patentgrün.

II. **Einzige Farbe,** welche zu den Giften der Abteilung 2 gehört, ist Gummi Gutti; in Gemischen mit anderen Farben gehört dieselbe zu Abteilung 3.

III. **Farben,** welche zu den Giften der Abteilung 3 gehören, sind solche, welche Antimon, Baryum, Blei, Chrom, Gummi Gutti, Kadmium, Kupfer, Pikrinsäure, Zink und Zinn enthalten, mit Ausnahme einer Anzahl diese Bestandteile zwar enthaltender, aber unlöslicher, daher unschädlicher Farben, die in der Verordnung mit Namen aufgeführt sind.

Es kommen hier hauptsächlich Anstrichfarben (Körperfarben, Deckfarben) in Betracht; Lackfarben oder Farblacke (nicht zu verwechseln mit den mit Lack angeriebenen Farben) können sowohl wegen des Untergrundes oder Farbenträgers, wie wegen der Fällungsmittel (Blei-, Zinn-, Zinksalze) zu den Giften der Abteilung 3 gehören.

1. Weiße Farben.

Basisch kohlensaures Bleioxyd, Bleiweiß, Cerussa, unter den Namen:

Schneeweiß   Holländer Weiß
Schieferweiß   Kremser- oder Kremnitzer Weiß
Silberweiß
Französisches Weiß Tyroler Weiß
Genueser Weiß   Venetianer Weiß.
Hamburger Weiß

Die Namen Perlweiß, Deckweiß und Berliner Weiß werden zuweilen auch für Bleiweißsorten angewandt, öfter aber noch für andere weiße Farben, welche als unschädlich gelten.

2. Rote und Orangefarben.

a) Basisch chromsaures Bleioxyd unter den Namen:

Chromrot   Zinnoberersatz
Chromzinnober   Antizinnober
Zinnoberrot   Persisch Rot.

(mit letzterem Namen wird aber auch das unschädliche Eisenoxyd belegt).

b) Mennige, Minium, unter den Namen:

Bleizinnober   Bleisafran

(Es ist bei diesen Namen, wie unter c zu beachten, daß der eigentliche Zinnober, Quecksilbersulfid, als unschädlich gilt.)

c) Antimonoxydsulfid unter dem Namen:

Antimonzinnober.

d) **Chromorange** (Gemenge von Chromgelb und Chromrot).

e) **Rotes Schwefelarsen** oder Realgar gehört zu den Giften der Abteilung 1.

3. Gelbe Farben.

a) **Chromsaure Salze**, insbesondere chromsaures Blei-, Zink- und Baryumoxyd, allein oder in Gemischen, auch unter den Namen:

Chromgeld (auch fälsch-	Kölner Gelb
lich Krongelb)	Leipziger „
Zitronengelb	Pariser „
Kaisergelb	Zwickauer „
Königsgelb	Zinkgelb
Neugelb	Barytgelb
Neurot	Ultramaringelb oder gel-
Gothaer Gelb	bes Ultramarin
Hamburger „	Gelbin.

b) **Antimonsaures Bleioxyd** unter den Namen:

Antimongelb   Neapelgelb
Neapolitanische Erde.

c) **Bleioxyd**, Lithargyrum, für sich oder mit Bleichlorid zusammen, unter den Namen:

Bleiglätte	Mineralgelb
Glätte	Neugelb
Silberglätte	Patentgelb
Goldglätte	Kasseler Gelb
Frischglätte	Montpellier Gelb
Kaufglätte	Pariser Gelb
Massikot	Turners Gelb
Bleigelb	Veroneser Gelb
Chemischgelb.	

d) **Pikrinsäure** und pikrinsaure Salze.

e) Farben, welche **Gummi Gutti** enthalten; Gummi Gutti selbst gehört zu den Giften der Abteilung 2.

f) **Gelbes Schwefelarsen** oder Auripigment gehört zu den Giften der Abteilung 1.

4. Grüne Farben.

a) **Kupferhydroxyd**, kohlensaures und essigsaures Kupferoxyd, für sich oder gemischt mit anderen Stoffen, in verschiedener Zusammensetzung, unter den Namen:

Berggrün	Tiroler Grün
Malachitgrün	Grünspan
Braunschweiger Grün	Spangrün
Bremer Grün	Genteles Grün.

b) **Gemenge von Chromgelb** und einer blauen Farbe; zuweilen auch unreine bez. lösliche Chromoxyde und Chromhydroxyde, denen auch Pikrinsäure usw. beigemischt sein kann, unter den Namen:

Chromgrün	Permanentgrün
Grüner Zinnober	Resedagrün
Laubgrün	Seidengrün
Maigrün	Smaragdgrün
Moosgrün	Amerikanisches Grün
Myrtengrün	Viktoriagrün
Ölgrün.	

c) **Arsenigsaures Kupferoxyd**, Schweinfurter Grün gehört zu den Giften der Abteilung 1.

5. Blaue Farben.

Kupferhydroxyd, kohlensaures Kupferoxyd, Kupfersulfid, für sich oder gemischt mit anderen Stoffen, in verschiedener Zusammensetzung, unter den Namen:

Bergblau	Hamburger Blau
Mineralblau	Kalkblau
Azurblau	Kasseler Blau
Blaue Asche	Kupferblau
Bremer Blau	Neuwieder Blau
Meißener Blau	Ölblau
Englisch Blau.	

6. Braune und schwarze Farben.

Ferrocyankupfer oder Kupferferrocyanür unter den Namen:

Breslauer Braun
Chemischbraun
Hatchetts Braun.

II. Bundesstaaten.

Einführungsverordnungen zu den vom Bundesrat beschlossenen Vorschriften über den Handel mit Giften[1]).

Anhalt.
Reg.-V. vom 8. April 1895.

Infolge des Bundesratsbeschlusses vom 29. November 1894 über die Aufbewahrung und Abgabe von Giften wird, um eine einheitliche Bestimmung in dem Verkehr mit Giften herbeizuführen, auf Grund des § 22 des Gesetzes über die Polizeiverwaltung vom 1. Juli 1864 hiermit folgendes verordnet:

Artikel I. Der gewerbsmäßige Handel mit Giften und giftigen Stoffen jeder Art ist außer in Ausübung des Apothekergewerbes nur den Personen gestattet, welche hierzu eine besondere Genehmigung der Kreispolizeibehörde erhalten haben. Diese Erlaubnis darf nur demjenigen erteilt werden, welcher in Beziehung auf den beabsichtigten Gewerbebetrieb für zuverlässig zu erachten ist und durch ein Zeugnis des Kreisphysikus nachweisen kann, daß er mit den gesetzlichen Vorschriften über den Gifthandel und mit den Eigenschaften der in Anlage I aufgeführten giftigen Stoffe vertraut ist.

Artikel II. Der Gifthandel ist der Beaufsichtigung der Polizeibehörden und Medizinalbehörden unterworfen. Die Geschäftsinhaber sind gehalten, denselben die Revisionen ihrer Verkaufs- und Lagerräume zu gestatten, den Nachweis über die Berechtigung zum Gifthandel, sowie das Giftbuch vorzulegen und über alle auf die Sache bezüglichen Fragen bereitwilligst Auskunft zu geben.

Artikel III. Der gewerbsmäßige Handel mit Giften unterliegt ferner folgenden Bestimmungen:

§ 1. Als Gifte im Sinne dieser Bestimmungen gelten die in Anlage I angeführten Drogen, chemischen Präparate und Zubereitungen.

(Die §§ 2 bis 20 stimmen mit den entsprechenden Paragraphen des Bundesrats-Entwurfs bis auf nachstehende Abweichungen überein: Am Schluß des § 8 Abs. 2 ist angefügt: „Es genügt hier eine mit „Gift" bezeichnete Tarier- oder Dezimalwage." § 9 lautet: „Hinsichtlich der Aufbewahrung von Giften in den Apotheken bleibt es bei den bisher gültigen Bestimmungen."*)

§ 20. Die Bestimmungen der §§ 4 und 6 über die Bezeichnung der Vorratsgefäße und die Behältnisse und Geräte innerhalb der Giftkammer finden auf Neuanschaffungen und Neueinrichtungen sofort, im übrigen vom 1. Januar 1896 ab Anwendung.

Für Gewerbebetriebe, welche bereits vor Erlaß dieser Verordnung bestanden haben, können Ausnahmen von den Vorschriften des § 5 bis zum 1. Januar 1896 nachgelassen werden.

Artikel IV. Zuwiderhandlungen gegen die vorstehenden Bestimmungen werden, sofern nicht höhere Strafen nach den bestehenden Gesetzen Anwendung finden, mit einer Geldbuße bis zu 30 M. oder mit verhältnismäßiger Haft bestraft.

---

[1]) Mit Ausnahme von Preußen, welches auf Grund der drei Bundesratsbeschlüsse vom 29. November 1894, 17. Mai 1901 und 1. Februar 1906 eine neue vollständige Verordnung über den Handel mit Giften erlassen hat, beziehen sich die Einführungsverordnungen der Einzelstaaten zunächst auf diejenige Fassung der Vorschriften, die durch den Bundesratsbeschluß von 1894 festgestellt war. Die vom Bundesrat später, am 17. Mai 1901 und 1. Februar 1906, vorgenommenen Änderungen dieser Vorschriften sind jedoch in allen Staaten durch nachträgliche Verordnungen, deren Daten oben angegeben sind, eingeführt worden, so daß die Rechtslage im Deutschen Reiche durchweg die gleiche ist und, abgesehen von einzelnen unwesentlichen Abweichungen, dem Bundesratsentwurfe in seiner jetzigen durch die drei Beschlüsse gewonnenen Fassung überall entspricht.

Nicht einheitlich geregelt ist dagegen die Frage der Zulassung zum Gifthandel. Hierüber sind teils in den Einführungsverordnungen zu den Giftvorschriften, teils in besonderen Gesetzen landesrechtliche Bestimmungen getroffen worden, welche sich auf § 34 Abs. 3 der Gewerbeordnung für das Deutsche Reich gründen. Dieser § lautet: „Die Landesgesetze können vorschreiben, daß zum Handel mit Giften besondere Genehmigung erforderlich ist."

Diese Polizeiverordnung tritt mit dem 1. Juli 1895 in Kraft, zugleich unter Aufhebung der Verordnung vom 22. Januar 1879 und der Verordnung vom 28. November 1883.

Dessau, den 8. April 1895.

Herzogl. anhaltische Regierung, Abt. d. Innern.

Walther.

Die Bundesratsbeschlüsse vom 17. Mai 1901 und 1. Februar 1906 sind eingeführt durch Reg.-V. vom 23. Oktober 1905 bezw. 25. Februar 1906.

Baden.
Min.-V. vom 27. Februar 1895.

Auf Grund des § 367 Ziffer 5 des Reichsstrafgesetzbuches und des § 83 des Polizeistrafgesetzbuches wird in Gemäßheit des Beschlusses des Bundesrates vom 29. November v. J. verordnet, was folgt:

§ 1. Der gewerbsmäßige Handel mit Giften unterliegt den nachfolgenden Bestimmungen. Als Gift im Sinne derselben gelten die in Anlage I aufgeführten Drogen, chemischen Präparate und Zubereitungen. Wer, ohne konzessionierter Apotheker zu sein, Handel mit Giften treiben will, hat von seinem Vorhaben der Ortspolizeibehörde seines Wohnortes Anzeige zu machen. Die Ortspolizeibehörde hat eine Bescheinigung über die erfolgte Anzeige auszustellen und von der letzteren sofort dem Bezirksamte Mitteilung zu machen.

(Die §§ 2 bis 12 und 14 bis 17 stimmen wörtlich mit den entsprechenden Paragraphen des Bundesratsentwurfs überein. Aus § 13 ist der 3. Absatz herausgelassen, ebenso die letzte Spalte in Anlage II nebst der zugehörigen Note; in § 18 Abs. 4 sind hinter „zeitweilig" die Worte „durch das Bezirksamt" eingeschaltet.)

§ 19. Die Aufsicht über die Einhaltung der Bestimmungen der §§ 2—18 wird durch die Bezirksärzte und die Apothekenvisitatoren geführt, welche zu diesem Zwecke von Zeit zu Zeit unvermutete Besichtigungen der Lagerräume und Verkaufsstätten vorzunehmen haben.

(§ 20 wie § 19 des Entwurfs.)

§ 21. Das Legen von Arsenik zum Töten von Tieren in Wohnungen, auf Feldern und in Waldungen ist untersagt.

§ 22. Diese Verordnung tritt mit dem 1. Juli d. J. in Wirksamkeit. Die Bestimmungen der §§ 4 und 6 über die Bezeichnung der Vorratsgefäße und die Behältnisse und Geräte innerhalb der Giftkammer finden auf Neuanschaffungen und Neueinrichtungen sofort mit dem unter Absatz 1 bestimmten Zeitpunkte, im übrigen vom 1. Juli 1896 ab Anwendung.

Auf den 1. Juli d. J. treten außer Kraft:

die Verordnungen vom 25. November 1865 und 8. Oktober 1874, die Zubereitung, Aufbewahrung und den Verkauf von Giften betreffend,

die Verordnung vom 28. September 1888, den Verkehr mit blei- und zinkhaltigen Gegenständen betreffend,

der § 8 der Verordnung vom 9. November 1891, die Abgabe stark wirkender Arzneimittel betreffend.

Karlsruhe, den 27. Februar 1895.

Großherzogliches Ministerium des Innern.

Eisenlohr.

Die Bundesratsbeschlüsse vom 17. Mai 1901 und 1. Februar 1906 sind eingeführt durch Min.-V. vom 25. Juni 1901 bezw. 3. März 1906.

Bayern.
A. V. vom 16. Juni 1895.

Im Namen Seiner Majestät, des Königs, Luitpold, von Gottes Gnaden Königlicher Prinz von Bayern, Regent.

Wir haben Uns bewogen gefunden, die Verordnung vom 25. April 1877, den Verkehr mit Giften betreffend, einer Revision unterziehen zu lassen, und verordnen im Hinblicke auf § 34 der Reichsgewerbeordnung, § 367 Ziff. 3 und 5 des Strafgesetzbuches für das Deutsche Reich und Art. 2 Ziff. 8 und 9 des Polizeistrafgesetzbuches, was folgt:

(§§ 1—19 wie der Bundesratsentwurf. Nur § 13 Abs. 3 lautet: „Die Empfangsbestätigung desjenigen, welchem das Gift ausgehändigt wird, darf in einer Spalte des Giftbuches abgegeben werden." Dementsprechend ist in Anlage II die Anmerkung zur letzten Spalte des Kopfes fortgelassen.

In § 18 Abs. 1 heißt es „von der Distriktspolizeibehörde im Benehmen mit dem Königl. Bezirksarzte" statt „von der zuständigen Behörde."

In § 18 Abs. 4 ist „durch die Distriktspolizeibehörde" vor „zeitweilig" eingeschaltet, und am Schlusse angefügt: „dabei ist das in der Verordnung vom 3. März 1873, die Verwendung von Gift zur Vertilgung der Feldmäuse betr., vorgeschriebene Verfahren einzuhalten.")

§ 20. Die Bestimmungen der §§ 4 und 6 über die Bezeichnung der Vorratsgefäße und die Behältnisse und Geräte innerhalb der Giftkammer finden anf Neuanschaffungen und Neueinrichtungen sofort, im übrigen vom 1. Januar 1897 ab Anwendung.

Für Gewerbebetriebe, welche bereits vor Erlaß dieser Verordnung bestanden haben, können Ausnahmen von den Vorschriften des § 5 bis zum 31. Dezember 1897 durch die Kgl. Kreisregierung, Kammer des Innern, nachgelassen werden.

§ 21. Die Befugnis zur Zubereitung und Abgabe von Giften der Abteilungen 1 und 2 des Verzeichnisses erfordert eine besondere Genehmigung; diese Genehmigung ist zu erteilen, wenn der Nachsuchende über seine Zuverlässigkeit in bezug auf den beabsichtigten Betrieb sich ausgewiesen hat.

Die Zuständigkeit und das Verfahren über Erteilung und Zurücknahme der Genehmigung richten sich nach den §§ 40 und 53 der Reichsgewerbeordnung und den §§ 16 und 24 der Königlich Allerhöchsten Verordnung vom 29. März 1892, den Vollzug der Reichsgewerbeordnung betreffend.

§ 22. Von der Bestimmung des § 21 sind ausgenommen:

1. Inhaber von Apotheken einschließlich der Hand- und Hausapotheken, sowie die Ärzte und Tierärzte nach Maßgabe der besonderen für ihre Befugnisse bestehenden Bestimmungen;
2. die Besitzer von Berg- und Hüttenwerken, welche Gifte durch den Betrieb dieser Werke als Haupt- oder Nebenprodukte gewinnen;
3. die Besitzer von chemischen Fabriken, sowie von solchen Fabriken und Gewerben, bei deren Betrieb sich Gifte als Nebennutzung ergeben;
4. Personen, welche mit der Vertilgung von Ungeziefer, sowie von Ratten und Mäusen sich gewerbsmäßig befassen, in bezug auf die Gifte, die bei der Zubereitung der zu ihrem Geschäfte erforderlichen und zugelassenen Mittel in Verwendung kommen;
5. Personen, welche mit dem Einsammeln giftiger Kräuter, Samen und Wurzeln, sowie der Kantharidin sich gewerbsmäßig befassen.

§ 23. Jeder, der Handel mit Giften des Verzeichnisses unter Anlage I treiben will, hat, wenn er nicht konzessionierter Apotheker ist oder nach Maßgabe der §§ 21 und 22 ohnehin einer Genehmigung bedarf, von seinem Vorhaben der Ortspolizeibehörde seines Wohnortes Anzeige zu machen. Die Ortspolizeibehörde hat über die erfolgte Anzeige eine Bescheinigung auszustellen.

§ 24. Die Zubereitung sowie die Verarbeitung von Giften der Abteilungen 1 und 2 des Verzeichnisses darf nur in hierzu geeigneten, von den Wohnungsräumen abgesonderten und für Unberufene unzugänglichen Lokalitäten und unter Anwendung der zur Verhütung von Unglücksfällen und Mißbrauch notwendigen Vorsichtsmaßregeln stattfinden. Nach beendigter Arbeit sind diese Lokalitäten jedesmal sorgfältig zu verschließen. Die zur Zubereitung und Verarbeitung von Giften dienenden Gerätschaften, Löffel, Wagen, Siebe, Trichter usw. sind sorgfältig aufzubewahren, überdies mit der Bezeichnung „Gift" zu versehen und zu anderen Zwecken nicht zu verwenden. Besondere Vorschriften für bestimmte Gewerbe- und Fabrikbetriebe in bezug auf den Umgang mit Giften bleiben hierbei unberührt.

§ 25. Die Beförderung von Giften der Abteilungen 1 und 2 des Verzeichnisses hat in hierzu tauglicher, haltbarer, sorgfältig angelegter und hinreichend fester Verpackung, welche ein jedes Durchdringen oder Zerstreuen des Inhaltes vollkommen ausschließt, zu geschehen. Der Behälter oder die Umhüllung muß mit der deutlichen Aufschrift des Namens des Giftes und mit dem in die Augen fallenden Beisatze „Gift" versehen und versiegelt sein. Die Verladung zum Transporte muß abgesondert von Verzehrungsgegenständen und so geschehen, daß der Behälter von außen nicht verletzt wird. Auf die zufolge ärztlicher Ordination in Arzneiform gebrachten Gifte finden obige Vorschriften keine Anwendung. Soweit über die Beförderung von Giften im Eisenbahn-, Post- und Schiffahrtsverkehre besondere Vorschriften bestehen, bleiben diese unberührt.

§ 26. Abgesehen von dem gewerblichen Verkehre hat jeder, der sonst in den Besitz von Giften der Anlage I gelangt, dieselben in einer gegen Mißbrauch und Unglücksfälle sichernden Weise sorgfältigst zu verwahren.

§ 27. Die unmittelbare Aufsicht auf den Geschäftsbetrieb der zur gewerbsmäßigen Zubereitung oder Feilhaltung von Giften berechtigten Personen steht den Distriktspolizeibehörden und Bezirksärzten zu; dieselben haben von Zeit zu Zeit unvermutete Revisionen der Lagerräume und Verkaufs- oder Betriebsstätten vorzunehmen. Die Aufsichtsbehörden haben für die Beseitigung wahrgenommener Mißstände Sorge zu tragen und gegebenenfalls Strafeinschreitung zu veranlassen.

§ 28. Gegenwärtige Verordnung, durch welche alle entgegenstehenden Bestimmungen und namentlich auch die Verordnung vom 25. April 1877 aufgehoben werden, tritt mit 1. Juli 1895 für den ganzen Umfang des Königreiches in Wirksamkeit, wobei jedoch weitergehende Bestimmungen für den Apothekenbetrieb unberührt bleiben.

Das Verzeichnis der Gifte unterliegt von Zeit zu Zeit der Revision; das kgl. Staatsministerium des Innern ist ermächtigt, die hiernach veranlaßten Änderungen jeweilig festzustellen und bekannt zu geben.

München, den 16. Juni 1895.

Luitpold,
Prinz von Bayern,
des Königreiches Bayern Verweser.

Frhr. v. Feilitzsch.

Die Bundesratsbeschlüsse vom 17. Mai 1901 und 1. Februar 1906 sind eingeführt durch A. V. vom 26. Juni 1901 und Min.-V. vom 13. März 1906.

Braunschweig.
G. vom 9. Juni 1895.

Von Gottes Gnaden, Wir, Albrecht usw. erlassen nach angehörtem Gutachten und Rate und soweit erforderlich mit Zustimmung des Ausschusses der Landesversammlung das nachfolgende Gesetz:

§ 1. Der gewerbsmäßige Handel mit Giften unterliegt den Bestimmungen der §§ 2—19.

Als Gifte im Sinne dieser Bestimmungen gelten die in der Anlage I aufgeführten Drogen, chemischen Präparate und Zubereitungen.

(§§ 2—18 wie der Bundesratsentwurf; nur Abs. 3 von § 13 ist fortgelassen, desgl. in Anlage II die letzte Spalte nebst Anmerkung.)

§ 19. Wer Handel mit Giften der in den Abteilungen 1 und 2 der Anlage I bezeichneten Art betreiben will, bedarf dazu der Genehmigung der betreffenden Herzoglichen Kreisdirektion beziehungsweise in der Stadt Braunschweig der Herzoglichen Polizeidirektion.

In betreff des Verfahrens bei Erteilung und Entziehung der Genehmigung gelten die Vorschriften der §§ 40 und 53 der Reichsgewerbeordnung und die dazu erlassenen Ausführungsbestimmungen.

Wer Handel mit Giften der in der Abteilung 3 der Anlage I bezeichneten Art betreiben will, hat von seinem Vorhaben der Ortspolizeibehörde seines Wohnortes Anzeige zu machen. Die Ortspolizeibehörde hat über die erfolgte Anzeige eine Bescheinigung zu erteilen.

Auf konzessionierte Apotheker finden die Vorschriften dieses Paragraphen keine Anwendung.

(§ 20 ist gleich § 19 des Bundesratsentwurfs.)

§ 21. Der Gifthandel unterliegt der Beaufsichtigung durch die Polizeibehörden und Physici. Die Ortspolizeibehörden haben — soweit erforderlich, unter Zuziehung der Physici und der vom Herzoglichen Staatsministerium damit beauftragten Sachverständigen — von Zeit zu Zeit unvermutete Revisionen der Lagerräume und Verkaufsstätten vorzunehmen.

§ 22. Zuwiderhandlungen gegen die Vorschriften dieses Gesetzes werden, soweit nicht nach § 147 Ziffer 1 der Reichsgewerbeordnung eine härtere Strafe verwirkt ist, in Gemäßheit des § 367 Ziffer 3 und 5 des Reichsstrafgesetzbuches mit Geldstrafe bis zu 150 Mark oder mit Haft bestraft.

§ 23. Alle mit diesem Gesetze in Widerspruch stehenden Bestimmungen, insbesondere das Gesetz über den Handel mit Arzneiwaren, Farbewaren und Giften vom 31. März 1843 (Nr. 5 bis 7), das Gesetz, die Modifikation des § 6 des vorstehend erwähnten Gesetzes betreffend, vom 8. Februar 1857 Nr. 11, das Gesetz, die Ergänzung des ersterwähnten Gesetzes betreffend, vom 24. Dezember 1867 und § 5 Ziffer 1 und 3 des Gesetzes wegen Bestrafung der Polizeiübertretungen vom 27. November 1872 werden aufgehoben.

§ 24. Ergänzungen und Abänderungen der Anlagen dieses Gesetzes können im Wege landesherrlicher Verordnung vorgenommen werden.

§ 25. Vorstehendes Gesetz tritt mit dem 1. Juli 1895 in Kraft.

Die Bestimmungen der §§ 4 und 6 über die Bezeichnung der Vorratsgefäße und die Behältnisse und Geräte innerhalb der Giftkammer finden auf Neuanschaffungen und Neueinrichtungen vom 1. Juli 1895 ab, im übrigen vom 1. Juli 1897 ab Anwendung. Für Gewerbebetriebe, welche bereits vor Erlaß dieses Gesetzes bestanden haben, können von der Landespolizeibehörde Ausnahmen von den Vorschriften des § 5 bis zum 1. Juli 1898 nachgelassen werden.

Alle, die es angeht, haben sich hiernach zu achten.

Braunschweig, den 9. Juni 1895.

Albrecht,
Prinz von Preußen.

Hartwieg.

Die Bundesratsbeschlüsse vom 17. Mai 1901 und 1. Februar 1906 sind eingeführt durch G. vom 23. August 1901 und L.V. vom 5. März 1906.

L.-V. vom 18. Februar 1897.

Von Gottes Gnaden, Wir, Albrecht, Prinz von Preußen usw., Regent des Herzogtums Braunschweig, verordnen zur Ausführung des § 19 des Gesetzes, betreffend den Handel mit Giften, vom 9. Juni 1895, was folgt:

§ 1. Jeder Gewerbetreibende, welcher um die **Erlaubnis zum Handel mit Giften** der in den Abteilungen 1 und 2 der Anlage I des Gesetzes vom 9. Juni 1895 bezeichneten Art nachsucht, hat ein übersichtliches, nach Abteilungen und nach der Buchstabenfolge geordnetes Verzeichnis derjenigen Gifte, welche er führen will, dem Gesuche beizufügen.

§ 2. Die Genehmigung zum Handel mit Giften der in § 1 bezeichneten Art darf nur dann erteilt werden, wenn der Nachsuchende in bezug auf den beabsichtigten Gewerbebetrieb für **zuverlässig zu erachten** ist und wenn und soweit ein **Bedürfnis** für die Zulassung des beabsichtigten Gewerbebetriebes vorliegt.

§ 3. In den Genehmigungsurkunden sind diejenigen Stoffe, für welche die Erlaubnis zum Gifthandel erteilt wird, genau zu bezeichnen.

§ 4. Auf den in Ausübung des **Apothekergewerbes** betriebenen Handel mit Giften findet diese Verordnung keine Anwendung.

Alle, die es angeht, haben sich hiernach zu achten.

Braunschweig, den 18. Februar 1897.

Albrecht,
Prinz von Preußen.

Otto. Hartwieg.

Bremen.
Sen.-V. vom 16. April 1895.

Gemäß Beschluß des Bundesrats vom 29. November 1894, betr. den Handel mit Giften, verordnet der Senat:

§ 1. Der gewerbsmäßige **Handel mit Giften** unterliegt den Bestimmungen der §§ 2 bis 18.

Als Gifte im Sinne dieser Bestimmungen gelten die in Anlage I aufgeführten Drogen, chemischen Präparate und Zubereitungen.

Das Feilhalten und der Verkauf dieser Gegenstände ist außer den Apothekern nur solchen Personen gestattet, welche von dem Medizinalamte ihres Wohnortes vor Beginn ihres Geschäftsbetriebes mit einem **Legitimationsschein für den Handel mit Giften** versehen sind.

Ein solcher Legitimationsschein kann volljährigen, unbescholtenen und dispositionsfähigen Personen nicht versagt werden.

Der Verkauf von Giften im Umherziehen ist verboten.

(§§ 2 bis 19 wie der Entwurf des Bundesrats, nur heißt es in § 13 Abs. 3 statt „die Landesregierungen können bestimmen", „die Medizinalkommission kann bestimmen".)

§ 20. Die Übertretung obiger Vorschriften wird nach § 367 No. 3 und 5 des Strafgesetzbuches mit Geldstrafe bis zu 150 Mark oder mit Haft bestraft.

§ 21. Die vorstehenden Bestimmungen treten mit dem 1. Juli 1895 in Kraft. Mit dem gleichen Tage wird die Verordnung vom 19. Oktober 1872, betr. den Verkauf von Giften und heftig wirkenden Stoffen, aufgehoben.

Die Bestrmmungen der §§ 4 und 6 über die Bezeichnung der Vorratsgefäße und die Behältnisse und Geräte innerhalb der Giftkammer treten für Neuanschaffungen und Neueinrichtungen sofort, im übrigen vom 1. Juli 1898 ab in Anwendung.

Für Gewerbebetriebe, welche bereits vor Erlaß dieser Verordnung bestanden haben, können Ausnahmen von den Vorschriften des § 5 bis zum 1. Juli 1900 nachgelassen werden.

§ 22. Die Verordnung des Senats vom 8. Dezember 1891 [1]), betr. die Abgabe stark wirkender Arzneimittel, sowie die Beschaffenheit und Bezeichnung der Arzneigläser und Standgefäße in den Apotheken, wird durch die vorstehenden Bestimmungen nicht berührt.

Beschlossen Bremen in der Versammlung des Senats am 16. und bekannt gemacht am 21. April 1895.

Die Bundesratsbeschlüsse vom 17. Mai 1901 und 1. Februar 1906 sind eingeführt durch Sen.-V. vom 14. Juni 1901 bezw. 23. Februar 1906.

Elsaß-Lothringen.
Kais.-V. vom 1. April 1895.

Wir Wilhelm von Gottes Gnaden Deutscher Kaiser, König von Preußen usw.

verordnen im Namen des Reichs, für Elsaß-Lothringen, auf Grund des Artikels 1 des Gesetzes vom 19. Juli 1845 über den Verkauf giftiger Stoffe was folgt:

§ 1. Der gewerbsmäßige **Handel mit Giften** unterliegt den Bestimmungen der §§ 2 bis 18.

---
[1]) Jetzt Sen.-V. vom 16. Juni 1896.

Als Gifte im Sinne dieser Bestimmungen gelten die in Anlage I aufgeführten Drogen, chemischen Präparate und Zubereitungen.

§ 2. Wer Handel mit Giften treiben will, hat von seinem Vorhaben der **Ortspolizeibehörde seines Wohnortes Anzeige zu machen**. Die Ortspolizeibehörde hat über die erfolgte Anzeige eine Bescheinigung auszustellen.

Auf den **Verkauf von Giften in Apotheken** findet die Bestimmung dieses Paragraphen keine Anwendung.

(§ 3 entspricht den §§ 2 und 3 des Entwurfs, weshalb es am Schluß desselben „Abs. 2" statt „Abs. 1" heißt,

die §§ 4 bis 19 entsprechen den gleichen Paragraphen des Entwurfs, nur ist in § 13 an Stelle des 3. Absatzes der Schlußsatz des 1. Absatzes „Wird das Gift . . . . zu lassen" in folgender Fassung aufgenommen: „Wird das Gift durch einen Beauftragten abgeholt, so hat der Abgebende (§ 10) sich auch von diesem den Empfang und zwar in einer Spalte des Giftbuchs bescheinigen zu lassen."

In § 18 Abs. 1 sind die Wörter „von der zuständigen Behörde" durch „von dem Bezirkspräsidenten" ersetzt, in Abs. 4 Zeile 1 sind hinter „können" die Wörter „durch den Bezirkspräsidenten" eingeschaltet worden.

In § 19 heißt es „3, 4, 7" statt „§§ 2, 3, 4, 7".)

§ 20. Die Befolgung der Vorschriften dieser Verordnung ist durch zeitweilige **Besichtigungen** festzustellen. Diese Besichtigungen sind, unbeschadet der Befugnisse der allgemeinen Polizeibehörden, durch Sachverständige vorzunehmen, welche der Bezirkspräsident beauftragt.

§ 21. Die Bestimmungen der §§ 4 und 6 über die Bezeichnung der Vorratsgefäße und die Behältnisse und Geräte innerhalb der Giftkammer finden auf Neuanschaffungen und Neueinrichtungen sofort, im übrigen vom 1. Oktober 1897 ab Anwendung.

Für Gewerbebetriebe, welche bereits vor dem Erlaß dieser Verordnung bestanden haben, können Ausnahmen von den Vorschriften des § 5 bis zum 1. Oktober 1899 durch den Bezirkspräsidenten nachgelassen werden.

§ 22. Diese Verordnung tritt vorbehaltlich der Bestimmungen in § 21 am 1. Juli 1895 in Kraft. Zu dem gleichen Zeitpunkt treten die Ordonnanz vom 29. Oktober 1846, enthaltend Vorschriften über den Verkauf giftiger Stoffe, sowie die Dekrete vom 8. Juli 1850 und 1. Oktober 1864, betreffend den Verkauf giftiger Stoffe, außer Kraft.

Die Bundesratsbeschlüsse vom 17. Mai 1901 und 1. Februar 1906 sind eingeführt durch Kais. V. vom 6. Juli 1901 bezw. 17. März 1906.

Hamburg.
G. vom 29. November 1895.

Der Senat der freien und Hansestadt Hamburg hat in Übereinstimmung mit der Bürgerschaft beschlossen und verkündet hierdurch als Gesetz, was folgt:

§ 1. Zum **Kleinhandel mit Giften** ist eine besondere **Genehmigung** erforderlich. Dieselbe wird in der Stadt von der Polizeibehörde, im übrigen Staatsgebiete mit Ausnahme des Amtes Ritzebüttel von dem betreffenden Landherrn, im Amte Ritzebüttel von dem Amtsverwalter erteilt.

Die Genehmigung ist zu versagen, wenn Tatsachen vorliegen, welche die **Unzuverlässigkeit** des Nachsuchenden in bezug auf den beabsichtigten Gewerbebetrieb dartun. Betreffs der fachmännischen Zuverlässigkeit ist in jedem einzelnen Falle ein vom Medizinalkollegium zu bezeichnender Sachverständiger zu hören.

Die **Inhaber einer Apothekengerechtsame** bedürfen einer besonderen Genehmigung zum Gifthandel nicht.

§ 2. Wer **Großhandel mit Giften** treiben will, hat von seinem Vorhaben der zuständigen Behörde seines Wohnortes **Anzeige zu machen**. Zuständig sind für die Stadt und für die Landherrenschaften der Geest- und Marschlande die Polizeibehörde, für die Landherrenschaft Bergedorf der Landherr und für das Amt Ritzebüttel der Amtsverwalter. Die Behörde hat über die erfolgte Anzeige eine Bescheinigung zu erteilen.

§ 3. Der Senat bezeichnet die als Gifte im Sinne dieses Gesetzes geltenden Drogen, chemischen Präparate und Zubereitungen, erläßt die auf die Aufbewahrung, Abgabe und Beförderung von Giften bezüglichen Vorschriften und ordnet die zur Durchführung der letzteren erforderlichen Kontrollmaßregeln an.

§ 4. Die §§ 83—87 der durch Bekanntmachung vom 5. Februar 1855 abgeänderten Medizinalordnung vom 19. Februar 1818 werden mit dem Inkrafttreten der nach § 3 zu erlassenden Vorschriften aufgehoben.

§ 5. **Zuwiderhandlungen** gegen die Bestimmungen dieses Gesetzes und der auf Grund desselben erlassenen Verordnungen werden, sofern nicht nach § 367 No. 3 und 5 des Strafgesetzbuches und § 147 No. 1 der Reichsgewerbeordnung eine höhere Strafe verwirkt ist, mit Geldstrafe bis zu 150 Mark und im Unvermögensfalle mit Haft bis zu 4 Wochen bestraft.

Gegeben in der Versammlung des Senats.
Hamburg, den 29. November 1895.

Sen.-V. vom 29. November 1895.

Auf Grund § 3 des Gesetzes, betreffend den Handel mit Giften, vom 29. November d. J. wird in Übereinstimmung mit einem Bundesratsbeschlusse vom 29. November 1894 hierdurch verordnet, was folgt:

(Die §§ 1 bis 19 haben bis auf nachstehende Abweichungen den gleichen Wortlaut wie der Bundesratsentwurf:

In § 3 Abs. 2 ist vor „Farben" eingeschaltet: „giftige".

In § 5 Abs. 3 ist hinter „Tageslicht" eingeschaltet: „oder künstliches Licht".

§ 8 Abs. 2 ist durch folgende Vorschrift ersetzt worden: „Für die Gifte der Abteilungen 2 und 3 bedarf es nur in dem Falle besonderer Wagen, daß Waren dieser Gruppen ohne besondere Umhüllungen gewogen werden."

In § 12 Abs. 3 ist hinter „Gifte" eingeschaltet worden: „mit Ausnahme giftiger Farben der Abteilung 3".

§ 13 Abs. 3 ist weggefallen.

In § 18 Abs. 4 ist an Stelle von „salpetersaures Strychnin" gesetzt worden: „eines Strychninsalzes")

§ 20. Die Bestimmungen der §§ 4 und 6 über die Bezeichnung der Vorratsgefäße und die Behältnisse und Geräte innerhalb der Giftkammer finden auf Neuanschaffungen und Neueinrichtungen sofort, im übrigen vom 1. Juli 1898 ab Anwendung.

Für Gewerbebetriebe, welche bereits vor Erlaß dieser Verordnung bestanden haben, können Ausnahmen von den Vorschriften des § 5 bis zum 30. Juni 1900 von der zuständigen Polizeibehörde nachgelassen werden.

§ 21. Diese Verordnung tritt am 1. Januar 1896 in Kraft. Gleichzeitig werden aufgehoben die Bekanntmachung des Senats vom 19. August 1874, betreffend den Verkauf von Kleesalz, die Bekanntmachungen der Polizeibehörde vom 7. November 1840, betreffend den Verkauf des Arseniks als Ratten- und Mäusegift, vom 14. Juli 1845, betreffend den Verkauf von sogenanntem Fliegenpapier, vom 14. Mai 1861, betreffend das Bittermandelöl, und vom 20. Januar 1862, betreffend den Verkauf von Cyankalium, sowie das im Oktober 1869 von dem Gesundheitsrat erlassene Reglement für die Kammerjäger. Dagegen bleiben die kaiserl. Verordnung, betreffend den Verkehr mit Arzneimitteln, vom 27. Januar 1890[1]) und die Verordnungen, betreffend die Abgabe stark wirkender Arzneimittel, sowie die Beschaffenheit und Bezeichnung der Arzneigläser und Standgefäße in den Apotheken, vom 28. Dezember 1891 und 2. Juni 1894[2]) unverändert in Kraft.

Gegeben in der Versammlung des Senats.
Hamburg, den 29. November 1895.

---

[1]) Jetzt Kais. V. vom 22. Oktober 1901 (s. Seite 14).
[2]) Jetzt Sen.-V. vom 28. August 1896.

Sen.-V. vom 7. Oktober 1903.

Auf Grund des § 3 des Gesetzes, betreffend den Handel mit Giften, vom 29. November 1895 wird hierdurch verordnet, was folgt:

Im Formular für das Giftbuch (Anlage II zur Verordnung, betreffend den Handel mit Giften, vom 29. November 1895) ist die letzte Spalte zu streichen.

In bezug auf Gifte der Abteilungen 1 und 2 ist demnach die Empfangsbestätigung im Giftbuch nicht mehr erforderlich; es genügt vielmehr die Ausstellung des Giftscheins (§ 13 und Anlage IV der Verordnung).

Gegeben in der Versammlung des Senats.
Hamburg, den 7. Oktober 1903.

Die Bundesratsbeschlüsse vom 17. Mai 1901 und 1. Februar 1906 sind eingeführt durch Sen.-V. vom 19. Juni 1901 bezw. 23. Februar 1906.

Hessen.
Min.-V. vom 17. April 1895.

Auf Grund des § 367 Ziff. 3 und 5 des Reichsstrafgesetzbuches, sowie unter Bezugnahme auf §§ 326 bis 347 des Polizeistrafgesetzes vom 10. Oktober 1871 wird in Gemäßheit eines wegen Erlasses gleichförmiger Bestimmungen über den Handel mit Giften gefaßten Bundesratsbeschlusses mit Ermächtigung Sr. Königl. Hoheit des Großherzogs verordnet, wie folgt:

(§§ 1—18 wie der Entwurf des Bundesrats. § 13 Abs. 3 lautet: „Die Empfangsbescheinigung desjenigen, welchem das Gift ausgehändigt wird, darf in der für dieselbe einzufügenden Spalte des Giftbuchs erfolgen." In Anlage II ist dementsprechend die Anmerkung fortgelassen.)

§ 19. Die Aufsicht über die Befolgung der Bestimmungen der §§ 2—18 wird durch die Kreisgesundheitsämter und den Apothekenvisitationskommissär geführt, welche zu diesem Zweck von Zeit zu Zeit unvermutete Besichtigungen der Verkaufsstellen und Lagerräume vorzunehmen haben.

(§ 20 wie § 19 des Entwurfs.)

§ 21. Die Bestimmungen dieser Bekanntmachung treten mit dem 1. Juli d. Js. in Wirksamkeit.

Die Bestimmungen der §§ 4 und 6 über die Bezeichnung der Vorratsgefäße und die Behältnisse und Geräte innerhalb der Giftkammer finden auf Neuanschaffungen und Neueinrichtungen sofort, im übrigen vom 1. Juli 1896 ab Anwendung.

Darmstadt, den 17. April 1895.

Großherzogliches Ministerium des Innern
und der Justiz.
Finger.

Die Bundesratsbeschlüsse vom 17. Mai 1901 und 1. Februar 1906 sind eingeführt durch Min.-V. vom 15. Juni 1901 bezw. 26. Februar 1906.

G. vom 28. Oktober 1905.

Ernst Ludwig, von Gottes Gnaden Großherzog von Hessen und bei Rhein usw.

Auf Grund des § 34 Absatz 3 der Gewerbeordnung für das Deutsche Reich haben wir mit Zustimmung unserer getreuen Stände verordnet und verordnen hiermit, wie folgt:

Artikel 1. Zum Handel mit Giften ist, soweit derselbe nicht mit dem Apothekergewerbe betrieben wird, eine besondere Genehmigung erforderlich.

Die Genehmigung ist zu versagen, wenn Tatsachen vorliegen, welche die Unzuverlässigkeit des Nachsuchenden in bezug auf den beabsichtigten Gewerbebetrieb dartun.

Artikel 2. Die Genehmigung kann unbedingt oder bedingungsweise, inbesondere auch in Beschränkung auf bestimmte Gifte oder auf giftige Farben, erteilt werden.

Artikel 3. Die erforderlichen Ausführungsbestimmungen, insbesondere darüber, welche Stoffe als Gifte zu bezeichnen sind, desgleichen die Vorschriften über die Aufbewahrung, die Verarbeitung und die Abgabe von Giften werden von Unserem Ministerium des Innern erlassen.

Artikel 4. Vorstehendes Gesetz tritt am 15. November 1905 in Kraft.

Von demselben Zeitpunkt an sind die Artikel 326 bis 341 und 343 bis 347 des Polizeistrafgesetzes vom 30. Oktober 1855 aufgehoben.

Darmstadt, den 28. Oktober 1905.

Ernst Ludwig.

Rothe.

A. V. vom 28. Oktober 1905.

Ernst Ludwig, von Gottes Gnaden Großherzog von Hessen und bei Rhein usw.

Zum Vollzug des Gesetzes, den Handel mit Giften betreffend, vom 28. Oktober 1905 haben Wir verordnet und verordnen hiermit, wie folgt:

I. An Stelle des § 55 der Vollzugsverordnung zur Gewerbeordnung vom 22. September 1900 treten folgende Vorschriften:

§ 55. Über die Erteilung oder Versagung der nach Artikel 1 des Gesetzes, den Handel mit Giften betreffend, vom 28. Oktober 1905 erforderlichen Genehmigung beschließt der Kreisausschuß.

§ 55 a. Für das Verfahren gelten folgende Vorschriften:

1. Der Antrag auf Erteilung der Genehmigung ist bei demjenigen Kreisamt schriftlich einzureichen, in dessen Dienstbezirk das Gewerbe betrieben werden soll. Dem Antrage ist eine Handzeichnung über die vorhandenen Verkaufs-, Vorrats- und Arbeitsräume beizulegen.
2. Das Kreisamt hat die für die Feststellung der Zuverlässigkeit des Nachsuchenden erforderlichen Erhebungen zu veranlassen und alsdann dem Kreisausschuß zur Beschlußfassung vorzulegen.
3. Auf das weitere Verfahren finden die Vorschriften der §§ 19, 20, 22 und 23 Absatz 2 entsprechende Anwendung. Abschrift der Genehmigungsurkunde ist dem Kreisgesundheitsamts und der Ortspolizeibehörde zu übersenden.

II. Die vorstehenden Bestimmungen treten gleichzeitig mit dem unter 1 genannten Gesetz in Kraft.

Darmstadt, den 28. Oktober 1905.

Ernst Ludwig.

Rothe.

Lippe.
Min.-V. vom 30. April 1895.

Nachdem der Bundesrat in der Sitzung vom 29. November v. J. den Beschluß gefaßt hat, die Bundesregierungen zu ersuchen, über den Handel mit Giften gleichförmige Bestimmungen nach dem in der Drucksache No. 90 von 1894 abgedruckten Entwurfe solcher Vorschriften zu treffen, wird mit höchster Genehmigung die nachfolgende polizeiliche Verordnung erlassen.

§ 1. Wer Handel mit Giften betreiben will, bedarf hierzu, wenn er nicht konzessionierter Apotheker ist, der besonderen Genehmigung der Ortspolizeibehörde (Verwaltungsamt bezw. Magistrat).

§ 2. Das Konzessionsverfahren regelt sich nach den für das Konzessionsverfahren in Gewerbesachen geltenden Bestimmungen.

§ 3. Für den Verkehr mit Giften sind die hierunter abgedruckten Vorschriften maßgebend. Übertretungen gegen dieselben werden nach § 367 Ziffer 3 und 5 des Reichsstrafgesetzbuchs geahndet.

§ 4. Die Ortspolizeibehörden (§ 1) haben von Zeit zu Zeit unvermutete Revisionen der Lagerräume und Verkaufsstätten vorzunehmen. Zu diesen Revisionen ist der zuständige Physikus hinzuzuziehen.

Die Bestimmungen des vorstehenden Absatzes finden auf Apotheken keine Anwendung.

§ 5. Diese Verordnung tritt mit dem 1. Juli d. J. in Kraft. Von diesem Zeitpunkt an gelten alle entgegenstehenden Bestimmungen, insbesondere auch die Verordnung über den Verkauf von Giften in den Apotheken vom 9. Mai 1882 als aufgehoben.

Detmold, den 30. April 1895.

Fürstl. Kabinetts-Ministerium.

A. Steneberg.

Die hierauf folgenden Vorschriften weisen nachstehende Abweichungen gegenüber dem Bundesratsentwurf auf:

In § 12 Abs. 2 ist („Verwaltungsamt bezw. Magistrat") hinter „Ortspolizeibehörde" eingeschaltet.

Der 3. Absatz des § 13 ist fortgelassen.

Von § 18 lautet der letzte Satz des 1. Absatzes „Für den Wortlaut der Belehrung ist die Anlage V maßgebend". Die betr. Anlage enthält eine kurze Belehrung über die Gefahren bei Verwendung giftiger Ungeziefermittel.

In § 20 Abs. 1 ist „1. Juli 1898", Abs. 2 „1. Juli 1900" unter Anschluß der Wörter „von der Ortspolizeibehörde (§ 12 Abs. 2)" eingefügt worden.

Die Bundesratsbeschlüsse vom 17. Mai 1901 und 1. Februar 1906 sind eingeführt durch Min.-V. vom 19. Juni 1901 bezw. 6. März 1906.

Lübeck.
Sen.-V. vom 26. Januar 1895.

Unter Aufhebung aller entgegenstehenden Bestimmungen, insbesondere der Verordnung, betreffend den Verkehr mit Giften, vom 24. Juli 1886 verordnet der Senat, was folgt:

§ 1. Der gewerbsmäßige Handel mit Giften unterliegt den Bestimmungen der §§ 2 bis 18.

Als Gifte im Sinne dieser Bestimmungen gelten die in Anlage 1 angeführten Drogen, chemischen Präparate und Zubereitungen.

§ 2. Das Recht, Gifte im kleinen zu verkaufen, steht ausschließlich den Apothekern zu.

Wer außer den Apothekern Handel mit Giften als Kaufmannsware (in Quantitäten von 100 Gramm und darüber) betreiben will, bedarf dazu einer besonderen Genehmigung des Polizeiamtes.

(Die §§ 3 bis 20 haben, abgesehen von den nachstehenden Änderungen, den gleichen Wortlaut, wie §§ 2 bis 19 des Bundesratsentwurfs.

In § 14, entsprechend dem § 13 des Entwurfs, ist Absatz 3 fortgelassen.

In § 19 Abs. 1 heißt es „von dem Polizeiamt bezw. von dem Medizinalkollegium" statt „von der zuständigen Behörde".

In Anlage II ist die letzte Spalte des Kopfes nebst der zugehörigen Anmerkung fortgelassen.)

§ 21. Der Verkehr mit Giften und giftigen Stoffen unterliegt der Beaufsichtigung durch das Polizeiamt, soweit dieselbe nicht bezüglich der Apotheken durch das Medizinalkollegium wahrgenommen wird.

Das Polizeiamt hat von Zeit zu Zeit Visitationen der betreffenden Lager- und Verkaufsstätten vornehmen zu lassen.

Die Geschäftsinhaber sind verpflichtet, den mit der Visitation Beauftragten den Zutritt zu den Verkaufslokalen und Lagerräumen zu gestatten, die Vorräte und Gerätschaften vorzuzeigen, das Giftbuch nebst den Giftscheinen vorzulegen und über alle auf die Visitation bezüglichen Fragen Auskunft zu geben.

§ 22. Übertretungen vorstehender Bestimmungen werden, soweit nicht das Strafgesetzbuch zur Anwendung kommt, mit Geldstrafe bis zu 150 Mark oder mit Haft bestraft.

§ 23. Diese Verordnung tritt mit dem 1. Juli 1895 in Kraft; jedoch finden die Bestimmungen der §§ 5 und 7 über die Bezeichnung der Vorratsgefäße und die Behältnisse und Geräte innerhalb der Giftkammer auf Neuanschaffungen und Neueinrichtungen sofort Anwendung.

Gegeben in der Versammlung des Senats.

Lübeck, den 26. Januar 1895. Veröffentlicht am 6. Februar 1895.

Die Bundesratsbeschlüsse vom 17. Mai 1901 und 1. Februar 1906 sind eingeführt durch Sen.-V. vom 12. Juni 1901 bezw. 23. Februar 1906.

Mecklenburg-Schwerin.
L.-V. vom 13. April 1895.

Friedrich Franz usw. Wir verordnen nach hausvertragsmäßiger Kommunikation mit Seiner Königl. Hoheit dem Großherzog von Mecklenburg-Strelitz und nach verfassungsmäßiger Beratung mit Unseren getreuen Ständen, was folgt:

§ 1. Als Gifte im Sinne dieser Verordnung gelten die in der Anlage 1 aufgeführten Drogen, chemischen Präparate und Zubereitungen. Zum Großhandel wie zum Kleinhandel mit Giften außerhalb der Apotheken ist, insofern derselbe nach der Reichsverordnung vom 27. Januar 1890[1]) und nach § 56 Absatz 2, Ziffer 9 der Gewerbeordnung überhaupt stattfinden darf, eine **besondere Genehmigung** erforderlich, welche nach § 5 unter 2b der Verordnung vom 26. September 1876 bei der Gewerbekommission, für das Gebiet der Seestädte Rostock und Wismar bei den dortigen Magistraten nachzusuchen ist. Die Genehmigung muß versagt werden, wenn Tatsachen vorliegen, welche dartun, daß der Nachsuchende die zu dem beabsichtigten Handel erforderliche **Zuverlässigkeit nicht besitzt.** Wenn die Genehmigung sich nicht ausdrücklich weiter erstreckt, bezieht sie sich für den Kleinhandel nur auf die **Gifte der Abteilung 3 der Anlage I.** Unserem Ministerium, Abteilung für Medizinalangelegenheiten, bleibt vorbehalten, das Verzeichnis der Anlage I nach Bedürfnis abzuändern und zu ergänzen.

Die Bestimmung in Kap. III § 3 der Medizinalordnung wegen der Not- und Reiseapotheken der Ärzte, sowie die Verordnung vom 17. März 1834, betreffend das **Selbstdispensieren der Tierärzte** werden durch diese Vorschriften nicht berührt.

§ 2. **Der gewerbsmäßige Handel mit Giften** unterliegt den Bestimmungen der §§ 3 bis 18.

(§ 3 entspricht den §§ 2 und 3 des Bundesratsentwurfs, weshalb es am Schluß desselben „Abs. 2" statt „Abs. 1" heißt.

§§ 4 bis 19 entsprechen den gleichen Paragraphen des Entwurfs mit nachstehenden Abweichungen:

Abs. 3 des § 13 ist fortgelassen.

In § 18 Abs. 1 heißt es „Ortspolizeibehörde im Einverständnis mit dem Physikus" statt „zuständigen Behörde", im letzten Absatz „zeitweilig von Unserem Ministerium, Abteilung für Medizinalangelegenheiten, ganz" statt „zeitweilig".

Die Anmerkung zur Anlage II lautet:

„Anstatt durch eine besondere Bescheinigung (§ 13) kann der Empfang seitens des Empfängers auch durch eigenhändige Eintragung seines Namens in Spalte 9 bestätigt werden")[2]).

---

[1]) Jetzt Kais. V. vom 22. Oktober 1901 (s. Seite 14).

[2]) Ein Rundschreiben des Ministeriums vom 19. September 1899 bezeichnete die Auffassung, „daß die in § 13 vorgeschriebene Bescheinigung (Giftschein) des Erwerbers des Giftes auch dann entbehrlich sei, wenn der Erwerber das Gift nicht selbst in Empfang nimmt, sondern durch einen Beauftragten abholen läßt und daher den Empfang in Spalte 9 des Giftbuches bescheinigt", für irrtümlich. Es müsse vielmehr in allen Fällen, wo der Beauftragte den Empfang des Giftes in Spalte 9 bescheinigt hat, auch ein vom Erwerber auszustellender Giftschein vorhanden sein.

§ 20. Jedermann, welcher sich im Besitz eines in der Anlage I genannten Giftstoffes befindet, muß, insoweit ihm nicht schon durch die vorstehenden Bestimmungen eine besondere Art der Aufbewahrung vorgeschrieben ist, denselben vorsichtig und als Gift **äußerlich gekennzeichnet aufbewahren,** so daß eine Vermengung oder Verwechselung mit Nahrungs- oder Genußmitteln sowie eine Benutzung durch Unbefugte verhindert wird.

§ 21. Die nächste **Aufsicht über den Giftverkehr** in den Apotheken und Gifthandlungen wird von den Ortspolizeibehörden und von den Kreis- bezw. Stadtphysikern geübt. Dieselben sind befugt, jederzeit Nachsicht zu halten und in geeigneten Fällen **Visitationen** vorzunehmen. Auch gelegentlich der Apothekenvisitation ist zu prüfen, ob die Vorschriften dieser Verordnung beobachtet sind. Das Giftbuch mit Belegen (§ 11, 13) ist am Ende jedes Kalenderjahres zu schließen und innerhalb des nächsten Monats dem zuständigen Kreis- bezw. Stadtphysikus zur Prüfung einzureichen.

Der **Revision** unterliegen auch die **Drogenhandlungen** insbesondere in der Richtung, ob in denselben unerlaubte Stoffe gehalten werden.

§ 22. **Zuwiderhandlungen** gegen diese Verordnung werden, wofern durch dieselben nicht schon eine schwerere Strafe verwirkt ist, mit Geldstrafe bis zu 30 Mark oder mit Haft bis zu drei Tagen bestraft. Die Strafe kann durch polizeiliche Strafverfügung festgesetzt werden.

§ 23. Diese Verordnung tritt am 1. Juli 1895 in Kraft. Mit diesem Zeitpunkt tritt die Verordnung vom 19. April 1887, betreffend den Verkehr mit Giften mit der Maßgabe außer Geltung, daß es, soweit nicht Neuanschaffungen und Neueinrichtungen zur Frage stehen, bis zum 1. Januar 1897 genügt, wenn in Bezug auf die Bezeichnung der Vorratsgefäße in den Gifthandlungen entweder die Vorschriften des § 4 der vorstehenden Verordnung oder die Vorschriften des § 6, Ziffer 1, Abs. 3 der Verordnung vom 19. April 1887 beobachtet werden.

Gegeben durch Unser Staatsministerium.

Schwerin, den 13. April 1895.

Friedrich Franz.

A. v. Bülow. v. Bülow. v. Amsberg.

Die Bundesratsbeschlüsse vom 17. Mai 1901 und 1. Februar 1906 sind eingeführt durch L.-V. vom 15. Dezember 1901 und Min.-V. vom 16. Februar 1906.

Mecklenburg-Strelitz.
L.-V. vom 13. April 1895.

Diese Verordnung weist von der in Mecklenburg-Schwerin erlassenen nur folgende Abweichungen auf:

Im Eingange heißt es „Friedrich Wilhelm" statt „Friedrich Franz" und im nächsten Absatz „Mecklenburg-Schwerin" statt „Mecklenburg-Strelitz".

In § 1 Abs. 2 „Gewerbekommission" statt „Gewerbekommission, für das Gebiet der Seestädte Rostock und Wismar bei den dortigen Magistraten", ebd. Abs. 4 „Unserer Landes-Regierung" statt „Unserem Ministerium, Abteilung für Medizinalangelegenheiten" (die nämliche Änderung findet sich in § 18 Abs. 5), Abs. 5 „§ 19" statt „§ 3" und „das Publikandum vom 31. Mai 1842" statt „die Verordnung vom 17. Mai 1834",

in § 21 Abs. 1 „Physikern" statt „Kreis- bezw. Stadtphysikern" und Abs. 4 „Physikus" statt „Kreis- bezw. Stadtphysikus".

Die Bundesratsbeschlüsse vom 17. Mai 1901 und 1. Februar 1906 sind eingeführt durch L.-V. vom 15. Dezember 1901 und Reg.-V. vom 25. Februar 1906.

Oldenburg.
Min.-V. vom 1. Februar 1895.

Unter Hinweisung auf die Bestimmungen des § 367, Ziffer 3 und 5 des Strafgesetzbuches, erläßt mit höchster Genehmigung das Staatsministerium die folgenden Vorschriften:

(§§ 1—19 wie beim Bundesratsentwurf.)

§ 20. Die Bekanntmachungen des Staatsministeriums vom 6. Dezember 1879 und vom 30. Oktober 1880 betreffend den Handel mit Giften, werden aufgehoben.

Aufrecht erhalten werden jedoch die §§ 1 und 13 der Bekanntmachung vom 6. Dezember 1879, welche lauten:

§ 1. Der Handel mit Giften und giftigen Stoffen ist außer den Apothekern nur demjenigen gestattet, welcher eine besondere Erlaubnis zu demselben von dem Amte (Stadtmagistrate der Städte I. Klasse) erhalten hat. Diese Erlaubnis ist nur dann zu erteilen, wenn der Nachsuchende in Beziehung auf den beabsichtigten Gewerbebetrieb für zuverlässig zu erachten ist.

§ 13. Der Gifthandel ist der Beaufsichtigung durch die Polizeibehörden und durch die Medizinalbeamten unterworfen. Zu diesem Zwecke werden von Zeit zu Zeit Visitationen der betreffenden Lager- und Verkaufsstätten angeordnet. Die Geschäftsinhaber sind gehalten, den Mitgliedern der Visitationskommission bei dieser Gelegenheit nicht allein den Zutritt in die Verkaufslokale oder Lagerräume zu gestatten, sich ihnen gegenüber über den Besitz der Genehmigung zum Gifthandel auszuweisen und das Giftbuch nebst den dazu gehörigen Belegen zur Prüfung vorzulegen, sondern auch über alle auf die Sache bezüglichen Fragen Auskunft zu geben und das Visitationsgeschäft durch bereitwilliges Entgegenkommen zu erleichtern.

§ 21. Die Bekanntmachung des Staatsministeriums vom 21. Dezember 1891[1]), betreffend Vorschriften über die Abgabe starkwirkender Arzneimittel, sowie die Beschaffenheit und Bezeichnung der Arzneigläser und Standgefäße in den Apotheken wird durch die vorstehenden Bestimmungen nicht berührt.

§ 22. Die vorstehenden Bestimmungen treten mit dem 1. Juli 1895 in Kraft. Die Bestimmungen der §§ 4 und 6 über die Bezeichnung der Vorratsgefäße und die Behältnisse und Geräte innerhalb der Giftkammer finden jedoch nur auf Neuanschaffungen und Neueinrichtungen vom 1. Juli d. J. ab, im übrigen vom 1. Juli 1898 ab Anwendung.

Für Gewerbebetriebe, welche bereits vor Erlaß dieser Bekanntmachung bestanden haben, können Ausnahmen von den Vorschriften des § 5 bis zum 1. Juli 1900 nachgelassen werden.

Oldenburg, den 1. Februar 1895.

Staatsministerium.
Departement des Innern.

Jansen.

Die Bundesratsbeschlüsse vom 17. Mai 1901 und 1. Februar 1906 sind eingeführt durch Min.-V. vom 26. Juni 1901 bezw. 17. Februar 1906.

Preußen.
G. vom 13. August 1895.

Wir Wilhelm, von Gottes Gnaden König von Preußen usw. verordnen mit Zustimmung beider Häuser des Landtages der Monarchie, was folgt:

---

[1]) Jetzt Min.-V. vom 11. Juli 1896.

§ 1. Die Vorschriften des die Aufbewahrung und Verabfolgung der Giftwaren betreffenden Abschnittes I des Anhanges zur revidierten Apothekerordnung vom 11. Oktober 1801 werden aufgehoben.

§ 2. Dieses Gesetz tritt am 1. Juli 1905 in Kraft.

Urkundlich unter Unserer Höchsteigenhändigen Unterschrift und beigedrucktem Königlichen Insiegel.

Gegeben Lowther, den 13. August 1895.

Wilhelm.

v. Boetticher. Thielen. Bosse. v. Köller.

Min.-P.-V. vom 22. Februar 1906 [1]).

Auf Grund des § 136 Abs. 3 des Gesetzes über die allgemeine Landesverwaltung vom 30. Juli 1883 (G.-S. S. 195 ff.) wird unter Bezugnahme auf die Beschlüsse des Bundesrats vom 29. November 1894, 17. Mai 1901 und 1. Februar 1906 die nachstehende Polizeiverordnung erlassen:

(§§ 1—19 wie der Entwurf des Bundesrats. § 13 Abs. 3 lautet: „Die Empfangsbestätigung desjenigen, welchem das Gift ausgehändigt wird, darf auch in einer Spalte des Giftbuches abgegeben werden".)

§ 20. Diese Polizeiverordnung tritt am 1. März 1906 in Kraft, mit Ausnahme der Bestimmungen über den Verkehr mit arsenhaltiger und arsenfreier Salzsäure und Schwefelsäure, die erst am 1. Juli 1906 Geltung erlangen. Alle entgegenstehenden Verordnungen, insbesondere die Polizeiverordnung vom 24. August 1895 (Min.-Bl. f. d. inn. Verw. S. 265) und die Bekanntmachung vom 16. Oktober 1901 (Min.-Bl. f. Med.- usw. Angel. S. 263) werden von dem gleichen Zeitpunkte ab aufgehoben.

§ 21. Die für Apotheken über den Handel mit Giften bestehenden weitergehenden Vorschriften bleiben auch ferner in Kraft[2]).

§ 22. Zuwiderhandlungen gegen diese Polizeiverordnung werden, soweit in den bestehenden Gesetzen nicht höhere Strafen vorgesehen sind, nach § 367 Nr. 5 des Strafgesetzbuches mit Geldstrafe bis zu Einhundertfünfzig Mark oder mit Haft bestraft.

Berlin, den 22. Februar 1906.

Der Minister der geistlichen, Unterrichts- und Medizinal-Angelegenheiten,

gez. Studt.

Der Minister des Innern.

I. V. gez. Bischoffshausen.

Der Minister für Handel und Gewerbe.

I. A. gez. v. d. Hagen.

Reuß ä. L.

Reg.-V. vom 16. März 1895.

Mit Serenissimi höchster Genehmigung wird auf Grund des Beschlusses des Bundesrats vom 29. No-

---

[1]) Für die Zulassung zum Gifthandel ist in den älteren Provinzen der Monarchie maßgebend der § 49 der Preußischen Gewerbeordnung vom 17. Januar 1845 in der Fassung des Gesetzes vom 22. Juni 1861, welcher bestimmt: „Denjenigen, welche Gifte feilhalten wollen, ist der Beginn des Gewerbebetriebes erst dann zu gestatten, wenn sich die Behörden von ihrer Zuverlässigkeit in Beziehung auf den beabsichtigten Gewerbebetrieb überzeugt haben."

Nach dieser gesetzlichen Grundlage ist, wie das K.-G. am 4. Juli 1898 (K.G.-A. II, S. 326) entschieden hat, der Großhandel mit Giften, sofern er mit einem „Feilhalten" nicht verbunden ist, nicht konzessionspflichtig.

Über Anträge auf Erteilung der Giftkonzession beschließt nach dem Zuständigkeitsgesetz vom 1. August 1883 der Kreis- (Stadt-) Ausschuß, bezw. in den zu einem Landkreise gehörigen Städten mit mehr als 10000 Einwohnern der Magistrat.

Für die neu erworbenen Landesteile Hannover, Hessen-Nassau und Schleswig-Holstein hat jedoch die Preußische Gewerbeordnung nicht völlige Gültigkeit erlangt, deshalb ist hier die Konzessionspflichtigkeit des Gifthandels durch besondere Polizeiverordnungen der Oberpräsidenten eingeführt worden, welche unter folgenden Daten ergangen sind:

Provinz Hannover. P.V. vom 24. Mai 1898 und 18. März 1902.

Provinz Hessen-Nassau. P.V. vom 20. April 1899 und 23. Mai 1902.

Provinz Schleswig-Holstein. P.V. vom 5. Juli 1898 und 6. Januar 1902.

Diese Verordnungen bestimmen, daß zum Handel mit Giften, soweit derselbe nicht in Apotheken betrieben wird oder als Großhandel anzusehen ist, die zuvorige Genehmigung der zuständigen Behörde erforderlich ist. Die Genehmigung darf nur an Personen erteilt werden, welche in Beziehung auf den beabsichtigten Gewerbebetrieb für zuverlässig zu erachten sind. Näheres hierüber siehe bei Urban: Betriebsvorschriften für Drogen- und Gifthandlungen in Preußen. Berlin 1906, Verlag von Julius Springer.

[2]) Vorschriften über den Handel mit Giften sind nach Aufhebung des Anhangs zur preuß. Apotheker-Ordnung nicht mehr vorhanden, es kann daher mit obigen nur gemeint sein, daß die Vorschriften über die Abgabe starkwirkender Arzneimittel in den Apotheken vom 13. Mai 1896 sowie die Vorschriften des Arzneibuches noch weiterhin als in Kraft befindlich zu betrachten sind. (S. Seite 6).

vember v. J. und des § 34 Abs. 3 der Reichsgewerbeordnung folgendes verordnet:

1. Die nachstehenden, den **Handel mit Giften** betreffenden Vorschriften treten mit dem 1. Juli d. J. in Kraft. Es ist aber gestattet, den neuen Bestimmungen entsprechende Einrichtungen auch bereits vor dem 1. Juli d. J. zu treffen.

Die Bestimmungen der §§ 4 und 6 über die Bezeichnung der Vorratsgefäße und die Behältnisse und Geräte innerhalb der Giftkammer finden auf Neuanschaffungen und Neueinrichtungen sofort, im übrigen vom 1. Januar 1896 ab Anwendung.

2. Wer Handel mit Giften treiben will, bedarf hierzu, **wenn er nicht konzessionierter Apotheker ist, der Genehmigung des Landesausschusses.**

Die Genehmigung ist davon abhängig, daß der darum Nachsuchende sich über seine **Zuverlässigkeit** in Beziehung auf den beabsichtigten Gewerbebetrieb ausweist, und daß ein **Ortsbedürfnis** vorliegt.

Vor Erteilung dieser Genehmigung ist der Physikus des Bezirks zu hören.

In betreff des Verfahrens bei Erteilung und Entziehung der Genehmigung gelten die Vorschriften der §§ 40 und 53 der Gewerbeordnung und finden die Bestimmungen in Artikel II der landesherrlichen Verordnung vom 27. September 1869 entsprechende Anwendung.

3. Bei **Erteilung der Genehmigung** zum Gifthandel ist die genaue Einhaltung der nachstehenden Vorschriften über den Handel mit Giften ausdrücklich zur Pflicht zu machen.

4. **Zuwiderhandlungen** gegen die den Handel mit Giften betreffenden Vorschriften werden, soweit nicht § 147 Ziffer 1 der Gewerbeordnung einschlägt, nach § 367 Ziffer 3 und 5 des Reichsstrafgesetzbuches mit Geldstrafe bis zu 150 Mark oder mit Haft bestraft.

5. Zur Sicherung des Vollzuges der erlassenen Bestimmungen sind von den Polizeibehörden (Landratsamt für das platte Land, Gemeindevorstände für die Städte) in Gemeinschaft mit dem zuständigen Physikus von Zeit zu Zeit unvermutete **Revisionen der Lagerräume und Verkaufsstätten für Gifte**, auch in den Apotheken, vorzunehmen.

6. Die Regierungsverordnung vom 19. November 1891[1]), betreffend die Abgabe starkwirkender Arzneimittel, sowie die Beschaffenheit und Bezeichnung der Arzneigläser und Standgefäße in den Apotheken,

---

[1]) Jetzt Reg.-V. vom 30. Juni 1896.

wird durch diese Bestimmungen über den Handel mit Giften nicht berührt.

7. Die Bestimmungen der Verordnung vom 10. Juni 1859 über den Giftverkauf und der Regierungsverordnung vom 28. September 1869 zu § 34 der Gewerbeordnung sind aufgehoben.

Greiz, am 16. März 1895.

Fürstlich Reuß-Plauische Landesregierung.

v. Dietel.

Die nun folgenden Vorschriften, betr. den Handel mit Giften, sind mit dem Entwurfe des Bundesrats gleichlautend, nur ist § 20 fortgefallen.

Die Bundesratsbeschlüsse vom 17. Mai 1901 und 1. Februar 1906 sind eingeführt durch Reg.-V. vom 15. Juni 1901 bezw. 26. Februar 1906.

Reuß j. L.

L.-V. vom 6. April 1895.

Wir Heinrich der Vierzehnte usw. finden Uns durch den Beschluß des Bundesrats vom 29. November v. J. bewogen, bezüglich des gewerbsmäßigen Handels mit Giften, als welche die in der Anlage I aufgeführten Drogen, chemischen Präparate und Zubereitungen zu gelten haben, folgende Bestimmungen zu treffen.

§ 1. Wer, ohne **konzessionierter Apotheker** zu sein, Handel mit Giften treiben will, bedarf zu seinem Vorhaben der **Genehmigung des Bezirksausschusses** (zu vergl. Ministerial-Verfügung vom 24. September 1869, sowie Art. I Nr. 1 des Gesetzes vom 27. Oktober 1870). Vor Erteilung der Genehmigung ist der Bezirksarzt zu hören. Das Verfahren bei Erteilung und Entziehung der Genehmigung regelt sich nach den Bestimmungen der §§ 40, 53 der Reichsgewerbeordnung.

§ 2. Die in § 10 Abs. 1 Unserer Verordnung vom 17. November 1835 vorgeschriebene **Vereidung der Drogisten** und der mit Gift handelnden Materialisten hat künftighin zu unterbleiben. Es ist aber jedem Gesuchsteller bei der Erteilung der Genehmigung zum Gifthandel die gewissenhafte Befolgung der Vorschriften dieser Verordnung unter Aushändigung eines Druckexemplars derselben in der Genehmigungsverfügung noch besonders zur Pflicht zu machen.

(Die hierauf folgenden §§ 3—20 sind wörtlich übereinstimmend mit den §§ 2—19 des Bundesratsentwurfs. In

§ 14 = § 13 des Entwurfs ist Abs. 3 weggefallen; ebenso ist auch die letzte Spalte in dem Schema des Giftbuchs, Anlage II, weggelassen worden.)

§ 21. Die Bestimmungen der §§ 5 und 7 über die Bezeichnung der Vorratsgefäße und die Behältnisse und Geräte innerhalb der Giftkammer finden auf Neuanschaffungen und Neueinrichtungen sofort, im übrigen vom 1. Juli 1895 ab Anwendung.

Für Gewerbebetriebe, welche bereits vor Erlaß dieser Verordnung bestanden haben, können Ausnahmen von den Vorschriften des § 6 bis zum 1. Juli 1898 durch Unser Ministerium, Abteilung für das Innere, nachgelassen werden.

§ 22. Zuwiderhandlungen gegen vorstehende Bestimmungen werden, soweit nicht § 147 Ziffer 1 der Reichsgewerbeordnung Platz greift, nach § 367 Ziffer 3 und 5 des Reichsstrafgesetzbuchs mit Geldstrafe bis zu 150 Mark oder entsprechender Haft geahndet.

§ 23. Gegenwärtige Verordnung tritt vorbehältlich der Bestimmungen des § 21 mit dem 1. Juli 1895 in Kraft.

§ 24. Zur Sicherung des Vollzugs der erlassenen Bestimmungen sind von den Polizeibehörden in Gemeinschaft mit den Bezirksärzten und nach Befinden unter Zuziehung des Apothekenrevisors von Zeit zu Zeit unvermutete Revisionen der Lagerräume und Verkaufsstätten für Gifte vorzunehmen.

Die Bundesratsbeschlüsse vom 17. Mai 1901 und 1. Februar 1906 sind eingeführt durch Reg.-V. vom 13. Juni 1901 bezw. 13. Februar 1906.

Sachsen.
Min.-V. vom 6. Februar 1895.

In Gemäßheit eines von den verbündeten Regierungen wegen Erlasses gleichförmiger Bestimmungen über den Handel mit Giften gefaßten Beschlusses werden in nachstehendem diese Vorschriften veröffentlicht. Hierzu wird beziehungsweise in weiterer Ausführung des § 10 des Mandates, den Verkauf von Arzneiwaren betreffend, vom 30. September 1823 und auf Grund des § 34 Abs. 3 der Gewerbeordnung für das Deutsche Reich folgendes verordnet:

1. Die nachstehenden den Handel mit Giften betreffenden Vorschriften treten mit dem 1. Juli d. J. in Kraft.

2. Wer Handel mit Giften der in den Abteilungen 1 und 2 der Anlage I bezeichneten Art treiben will, bedarf hierzu nach wie vor der Genehmigung der Polizeibehörde (Amtshauptmannschaft, Stadtrat). Vor Erteilung dieser Genehmigung sind der Bezirksarzt und der Apothekenrevisor zu hören. In betreff des Verfahrens bei Erteilung und Entziehung der Genehmigung gelten die Vorschriften der §§ 40, 53 der Gewerbeordnung.

Dagegen hat, wer den Handel mit Giften lediglich auf die in Abteilung 3 verzeichneten beschränken will, von seinem Vorhaben der Polizeibehörde nur Anzeige zu erstatten. Über die erfolgte Anzeige ist von der Polizeibehörde eine Bescheinigung auszustellen[1]).

3. Von einer Vereidung der mit Giften Handelnden nach Maßgabe des § 11 unter e des Mandates, den Verkauf von Arzneiwaren betreffend, vom 30. September 1823, ist in Zukunft abzusehen. Doch ist denselben bei Erteilung der Genehmigung zum Gifthandel, soweit solche nach Punkt 2 erforderlich ist, die genaue Einhaltung der (nachstehenden) Vorschriften über den Handel mit Giften ausdrücklich zur Pflicht zu machen.

4. Gesuche um Gestättung von Ausnahmen von den Vorschriften des § 5 für Gewerbebetriebe, welche bereits vor Erlaß dieser Vorschriften bestanden haben, sind bei den Polizeibehörden (Amtshauptmannschaften, Stadträten) anzubringen und nach Begutachtung durch die Bezirksärzte bezw. Apothekenrevisoren an die Kreishauptmannschaften einzuberichten, denen die Entschließung auf diese Gesuche übertragen wird.

5. Zuwiderhandlungen gegen die den Handel mit Giften betreffenden Bestimmungen werden, soweit nicht § 147 Ziffer 1 der Gewerbeordnung einschlägt, nach § 367 Ziffer 3 und 5 des Reichsstrafgesetzbuches mit Geldstrafe bis zu 150 Mark oder mit Haft bestraft.

6. Zur Sicherung des Vollzuges der erlassenen Bestimmungen sind von den Polizeibehörden in Gemeinschaft mit den Bezirksärzten und nach Befinden unter Zuziehung der Apothekenrevisoren von Zeit zu Zeit unvermutete Revisionen der Lagerräume und Verkaufsstätten für Gifte vorzunehmen.

Dresden, am 6. Februar 1895.

Ministerium des Innern.

v. Metzsch.

---

[1]) Abgeändert durch die Min.-V. vom 10. August 1905 welche auch den Handel mit Giften der Abt. 3 konzessionspflichtig gemacht hat (s. Seite 31).

(Die folgenden Vorschriften stimmen in den §§ 1—19 mit dem Bundesratsentwurfe überein.)

§ 20. Die Bestimmungen der §§ 4 und 6 über die Bezeichnung der Vorratsgefäße und die Behältnisse und Geräte innerhalb der Giftkammer finden auf Neuanschaffungen und Neueinrichtungen sofort, im übrigen vom 1. Juli 1897 ab Anwendung. Für Gewerbebetriebe, welche bereits vor Erlaß dieser Verordnung bestanden haben, können Ausnahmen von den Vorschriften des § 5 bis zum 1. Juli 1898 nachgelassen werden.

Die Bundesratsbeschlüsse vom 17. Mai 1901 und 1. Februar 1906 sind eingeführt durch Min.-V. vom 11. Juni 1901 bezw. 22. Februar 1906.

Min.-V. vom 20. Juli 1895.

Durch die mittels Verordnung vom 6. Februar 1895, den Handel mit Giften betreffend, veröffentlichten Bestimmungen, erledigen sich die bisher hierüber erlassenen Vorschriften, insbesondere auch, soweit derselbe abweichende Vorschriften enthält, der § 9 des Mandats vom 27. Oktober 1820, das Apothekenwesen usw. betreffend, dergestalt, daß, wenn Apotheker Gifte nicht lediglich zur Bereitung von ärztlich verordneten Medikamenten verwenden, sondern in der Tat Handel mit Giften treiben, z. B. solches zu technischen und anderen Zwecken abzugeben beabsichtigen, sie in Zukunft gleichfalls den Bestimmungen der Verordnung vom 6. Februar 1895 und den mittels derselben veröffentlichten Vorschriften, betreffend den Handel mit Giften unterstehen, also insbesondere zu diesem Handel auch Genehmigung einzuholen, oder wenn der Handel lediglich auf die in Abteilung 3 der Vorschriften bezeichneten beschränkt werden soll, von diesem Vorhaben der Polizeibehörde Anzeige zu erstatten haben. Der Inhalt der Eidesnorm, nach welcher gemäß der Verordnung des Ministeriums des Innern vom 17. Mai 1882 die Verpflichtung der Apotheker stattzufinden hat, kann für die gegenteilige Anschauung nicht angezogen werden, da in derselben, was den Giftverkauf anlangt, lediglich die pünktliche Beobachtung der gesetzlichen Bestimmungen anzugeloben ist.

Dresden, den 20. Juli 1895.

Ministerium des Innern.
von Metzsch.

Min.-V. vom 10. August 1905.

Gemachte Erfahrungen veranlassen das Ministerium des Innern die Verordnung vom 6. Februar 1895, den Handel mit Giften betr. in Ziffer 1, 2 und 3 dahin abzuändern, daß vom 1. Oktober laufenden Jahres ab zu dem Handel mit Giften der Abteilung 3 des der erwähnten Verordnung angefügten Verzeichnisses der Gifte in gleicher Weise wie zu dem Handel mit Giften der Abteilungen 1 und 2 die Genehmigung der Polizeibehörde (Amtshauptmannschaft, Stadtrat) einzuholen ist.

Wer die Genehmigung zum Handel mit Giften nachsucht, hat bei der Polizeibehörde ein Verzeichnis derjenigen Gifte, welche er in den Handel zu bringen beabsichtigt, einzureichen. Diejenigen, welchen die Genehmigung zum Handel mit Giften bereits erteilt worden ist, haben das Verzeichnis der von ihnen geführten Gifte bis zum 30. September laufenden Jahres bei der Polizeibehörde einzureichen.

Die von den Polizeibehörden gemäß Ziffer 2 Absatz 2 der Verordnung vom 6. Februar 1895 erteilten Anzeigebescheinigungen verlieren mit dem 30. September laufenden Jahres ihre Gültigkeit.

Dresden, am 10. August 1905.

Ministerium des Innern.

Min.-V. vom 23. September 1905.

Um aufgetauchten Zweifeln über Auslegung der Verordnung vom 10. August laufenden Jahres, den Handel mit Giften betreffend, zu begegnen, wird den Kreishauptmannschaften zu entsprechender Verständigung der Polizeibehörden hiermit eröffnet, daß es für alle diejenigen Personen, welche bereits die Genehmigung zum Handel mit Giften der Abteilungen 1 und 2 besitzen, der Einholung der Genehmigung zum Handel mit Giften der Abteilung 3 nicht bedarf, sondern nur der Vorlegung des Verzeichnisses der von ihnen geführten Gifte der Abteilung 3.

Dresden, am 23. September 1905.

Ministerium des Innern, II. Abteilung.
Für den Ministerialdirektor
Dr. Kunze.

Sachsen-Altenburg.
Min.-V. vom 22. Mai 1895.

Mit höchster Genehmigung Sr. Hoheit des Herzogs wird in Gemäßheit eines von den verbündeten Regierungen wegen Erlasses gleichförmiger Bestimmungen über den Handel mit Giften gefaßten Beschlusses hiermit folgendes verordnet:

1. Die nachstehenden, den Handel mit Giften betreffenden Vorschriften treten mit dem 1. Juli dieses Jahres in Kraft.

2. Wer Handel mit Giften der in den Abteilungen 1 und 2 der Anlage I bezeichneten Art treiben will, bedarf hierzu auch ferner der Genehmigung der Polizeibehörde (Landratsamt, Stadtrat).

Vor Erteilung dieser Genehmigung sind der Bezirksarzt und nötigenfalls der Apothekenrevisor zu hören.

In betreff des Verfahrens bei Erteilung und Entziehung der Genehmigung gelten die Vorschriften der §§ 40 und 53 der Gewerbeordnung.

Wer den Handel mit Giften nur auf die in Abteilung 3 verzeichneten Gifte beschränken will, hat von seinem Vorhaben der Polizeibehörde lediglich Anzeige zu erstatten. Die Polizeibehörde hat über die erfolgte Anzeige eine Bescheinigung auszustellen.

Die Befugnis zum Feilhalten und zum Verkauf von Giften, Heilmitteln, Drogen und chemischen Präparaten richtet sich auch ferner nach den durch die kaiserliche Verordnung vom 27. Januar 1890[1]) über den Verkehr mit Arzneimitteln gegebenen Vorschriften, welche durch die gegenwärtig erlassenen Bestimmungen nicht berührt werden.

3. Den mit Gift Handelnden ist bei Erteilung der Genehmigung zum Gifthandel, soweit solche nach dem Vorstehenden erforderlich ist, die genaue Einhaltung der nachstehenden Vorschriften über den Handel mit Giften unter Hinweis auf die Strafbestimmungen ausdrücklich zur Pflicht zu machen.

4. Gesuche um Gestattung von Ausnahmen von den Vorschriften des § 5 für Gewerbebetriebe, welche bereits vor Erlaß dieser Vorschriften bestanden haben, sind bei den Polizeibehörden (Landratsämter, Stadträte) anzubringen und nach Begutachtung durch den Bezirksarzt und nötigenfalls den Apothekenrevisor dem herzogl. Ministerium, Abteilung des Innern, zur Entschließung vorzulegen.

5. Zuwiderhandlungen gegen die den Handel mit Giften betreffenden Bestimmungen werden, soweit nicht § 147 Ziffer 1 der Gewerbeordnung einschlägt, nach § 367 Ziffer 3 und 5 des Reichsstrafgesetzbuches mit Geldstrafe bis zu 150 Mark oder mit Haft bestraft.

6. Zur Sicherung des Vollzuges der erlassenen Bestimmungen sind von den Polizeibehörden in Gemeinschaft mit den Bezirksärzten, nach Befinden unter Zuziehung des Apothekenrevisors von Zeit zu Zeit unvermutete Revisionen der Lagerräume und Verkaufsstätten für Gifte vorzunehmen.

7. Die Bekanntmachung vormaliger herzogl. Landesregierung vom 27. April 1835 über den Handel mit Drogen und Arzneistoffen, ingleichen über die Führung und den Verkauf von Giften, die zwecks Einschärfung bezw. Erläuterung einzelner Bestimmungen derselben erlassenen Vorschriften, sonach die Verordnungen vormaliger herzogl. Landesregierung vom 22. August 1839 über die Zubereitung des Ratten- und Mäusegiftes, vom 29. November 1849 über den Verkauf von Phosphorlatwerge, vom 1. April und 23. August 1852 über die Führung und den Verkauf von Giften, vom 1. Februar 1855 über die Vertilgung der Feldmäuse durch Ausstreuen vergifteter Getreidekörner, vom 14. September und 8. Oktober 1857 über die Vertilgung der Feldmäuse durch vergiftete Getreidekörner, ferner die Ministerialbekanntmachungen vom 22. April 1874 über den Vertrieb von Giften, insbesondere den Kleinhandel und vom 25. Januar 1887 über die Vertilgung der Feldmäuse durch Ausstreuen vergifteter Getreidekörner, sowie alle sonstigen Vorschriften, welche mit gegenwärtiger Verordnung im Widerspruche stehen, treten mit dem 1. Juli dieses Jahres außer Kraft.

Dagegen bewendet es bei der Regierungsverordnung vom 8. Oktober 1857 über die Vertilgung der Feldmäuse mit Phosphor und Krähenaugen.

Altenburg, den 22. Mai 1895.

Herzoglich sächsisches Ministerium des Innern.

v. Borries.

(Die folgenden Vorschriften, betr. den Handel mit Giften lauten in den §§ 1—19 wie der Entwurf des Bundesrats, nur ist Abs. 3 in § 13 und in Anlage II die letzte Spalte mit der zugehörigen Anmerkung fortgelassen worden.)

§ 20. Die Bestimmungen der §§ 4 und 6 über die Bezeichnung der Vorratsgefäße und die Behältnisse und Geräte innerhalb der Giftkammer finden auf Neuanschaffungen und Neueinrichtungen sofort, im übrigen vom 1. Juli 1897 ab Anwendung.

Für Gewerbebetriebe, welche bereits vor Erlaß dieser Verordnung bestanden haben, können Ausnahmen von den Vorschriften des § 5 bis zum 1. Juli 1898 nachgelassen werden.

Die Bundesratsbeschlüsse vom 17. Mai 1901 und 1. Februar 1906 sind eingeführt durch Min.-V vom 24. Juni 1901 bezw. 21. März 1906.

---

[1]) Jetzt Kais. V. vom 22. Oktober 1901 (s. Seite 14).

Sachsen-Coburg-Gotha.
Coburg.
G. vom 24. November 1895.

Wir Alfred, Herzog von Sachsen Coburg und Gotha usw., haben beschlossen und verordnen mit Zustimmung des Landtags des Herzogtums Coburg, was folgt:

§ 1. Das unter dem 19. Februar 1862 erlassene Gesetz, den Handel mit Gift betreffend, wird **aufgehoben**.

§ 2. Vorschriften über den Verkehr mit Giften werden im **Verordnungswege** erlassen.

Urkundlich unter Unserer eigenhändigen Unterschrift und dem vorgedruckten Herzoglichen Siegel.

Koburg, den 24. November 1895.

Alfred.

von Wittken.

Min.-V. vom 25. November 1895.

Auf Höchsten Befehl wird nach dem Beschlusse des Bundesrats vom 29. November 1894 verordnet, was folgt:

§ 1. Der gewerbsmäßige **Handel mit Giften** ist von einer besonderen **Genehmigung seitens des Staatsministeriums** abhängig (Reichsgewerbeordnung, § 34, Absatz 3), welche nur erteilt werden darf, wenn der eine solche Genehmigung Nachsuchende in bezug auf den beabsichtigten Gewerbebetrieb für **zuverlässig** zu erachten ist. Dieser Handel unterliegt den Bestimmungen der §§ 2—18.

Als Gifte im Sinne dieser Bestimmungen gelten die in Anlage I aufgeführten Drogen, chemischen Präparate und Zubereitungen.

(§§ 2—19 wie der Entwurf des Bundesrats. § 13 Abs. 4, = Abs. 3 des Entwurfs, lautet: „Die Empfangsbestätigung desjenigen, welchem das Gift ausgehändigt wird, darf in einer Spalte des Giftbuches abgegeben werden".)

§ 20. Die Polizeibehörden und Medizinalbeamten haben die Befolgung der in dieser Verordnung enthaltenen Vorschriften zu überwachen und durch öftere **Visitationen** zu kontrollieren.

Außerdem werden von Zeit zu Zeit allgemein unvermutete **Revisionen der betreffenden Lagerräume**, Verkaufsstätten, Einrichtungen und der Geschäftsführung durch eine von dem Staatsministerium zu diesem Zwecke bestellte Kommission vorgenommen.

Die Geschäftsinhaber sind gehalten, den zuständigen Polizei- und Medizinalbeamten auf Verlangen jederzeit und den Mitgliedern der Revisionskommission bei Gelegenheit der Revisionen nicht allein den Zutritt in die Verkaufsstätte und Lagerräume und die Untersuchung der in denselben vorhandenen Gifte zu gestatten, das Giftbuch nebst den dazu gehörigen Belegen zur Prüfung vorzulegen, sondern auch über alle auf die Sache bezüglichen Fragen Auskunft zu geben und das Revisionsgeschäft durch bereitwilliges Entgegenkommen zu erleichtern.

§ 21. Die Bestimmungen der §§ 4 und 6 über die Bezeichnung der Vorratsgefäße und die Behältnisse und Geräte innerhalb der Giftkammer finden auf Neuanschaffungen und Neueinrichtungen sofort, im übrigen vom 1. Juli 1896 ab Anwendung.

Für Gewerbebetriebe, welche bereits vor Erlaß dieser Verordnung bestanden haben, können Ausnahmen von den Vorschriften des § 5 bis zum 1. Januar 1897 durch das Staatsministerium nachgelassen werden.

§ 22. Wer den vorstehenden Bestimmungen **zuwiderhandelt**, oder den durch diese Verordnung ihm auferlegten Verpflichtungen nachzukommen unterläßt, wird — abgesehen von der Konfiskation der Gifte in den gesetzlich vorgeschriebenen Fällen und wofern er nicht nach den vorhandenen gesetzlichen Bestimmungen eine schwerere Strafe erwirkt hat — mit Geldstrafe von 3 bis 50 Mark für jeden einzelnen Fall oder im Unbeitreibungsfalle mit verhältnismäßiger Haft bestraft.

§ 23. Die Verordnung tritt mit dem 1. Januar 1896 in Kraft. Vom gleichen Zeitpunkt ab wird die Verordnung, die Ausführung des Gesetzes über den Handel mit Gift betreffend, vom 19. Februar 1862 aufgehoben.

Koburg, den 25. November 1895.

Herzoglich sächs. Staatsministerium.

von Wittken.

Die Bundesratsbeschlüsse vom 17. Mai 1901 und 1. Februar 1906 sind eingeführt durch Min.-V. vom 14. Juli 1901 bezw. 16. März 1906.

Gotha.
Min. V. vom 20. Juli 1895.

Auf Höchsten Befehl wird nach dem Beschlusse des Bundesrats vom 29. November 1894 verordnet, was folgt:

(Die §§ 1—22 haben den gleichen Wortlaut wie in der Coburger Verordnung vom 25. November 1895).

§ 23. Diese Verordnung tritt mit dem 1. August 1895 in Kraft.

Gotha, den 20. Juli 1895.

Herzoglich sächs. Staatsministerium.

v. Strenge.

Die Bundesratsbeschlüsse vom 17. Mai 1901 und 1. Februar 1906 sind eingeführt durch Min.-V. vom 14. Juni 1901 bezw. 15. Februar 1906.

Sachsen-Meiningen.
Min.-V. vom 28. Januar 1895.

Mit höchster Genehmigung Seiner Hoheit des Herzogs wird über den Handel mit Giften aus Anlaß eines Bundesratsbeschlusses und unter Hinweis auf Art. 1 des Gesetzes vom 9. Mai 1885, betr. die Gewerbeordnung folgendes bestimmt:

(Die §§ 1—19 haben den gleichen Wortlaut wie in dem Bundesratsentwurf mit der Maßgabe, daß in § 9 Abs. 2 am Schluß hinter „Anordnungen" angefügt ist:

„Ausschreiben vom 13. August 1891[1]), betr. die Abgabe stark wirkender Arzneimittel, sowie die Beschaffenheit und Bezeichnung der Arzneigläser und Standgefäße in den Apotheken, § 10, Ausschreiben vom 31. Januar 1892, betr. Aufbewahrung und Zubereitung von Morphin und Calomel in den Apotheken, § 3)."

In § 12 Abs. 2 sind ferner hinter „Ortspolizeibehörde" die Wörter „(Magistrat, Bürgermeisteramt, Schultheiß, Gemarkungsvorstand)" eingeschaltet,

desgleichen in § 18 Abs. 1 am Schlusse an Stelle von „von der zuständigen Behörde" die Wörter „vom Herzoglichen Staatsministerium, Abteilung des Innern", und in Abs. 4 zwischen „können" und „zeitweilig" die Wörter „von dem Herzoglichen Staatsministerium, Abteilung des Innern".

In § 13 ist der 3. Absatz fortgelassen, desgl. in Anl. II die letzte Spalte mit der zugehörigen Fußnote).

§ 20. Zuwiderhandlungen gegen vorstehende Bestimmungen werden, soweit nicht Bestimmungen des Reichsstrafgesetzbuches Platz greifen, mit Geldstrafe bis zu 75 Mark oder mit Haft bis zu 2 Wochen bestraft.

§ 21. Die Bestimmungen der §§ 4 und 6 über die Bezeichnung der Vorratsgefäße und die Behältnisse und Geräte innerhalb der Giftkammer finden auf Neuanschaffungen und Neueinrichtungen sofort, im übrigen vom 1. Juli 1898 ab Anwendung. Für Gewerbebetriebe, welche bereits vor Erlaß dieses Ausschreibens bestanden haben, kann der Landrat im Einvernehmen mit dem Physikus Ausnahmen von den Vorschriften des § 5 bis zum 1. Juli 1898 nachlassen.

Im übrigen tritt dieses Ausschreiben am 1. Juli 1895 in Kraft.

§ 22. Die Verordnung vom 3. Oktober 1832 zur Verhütung des Mißbrauches von Gift rücksichtlich des Handels mit Giften, das Ausschreiben vom 13. April 1835, betr. den Verkehr mit Giften, und das Ausschreiben vom 23. März 1877, betr. das Kammerjägergewerbe, treten außer Kraft.

Meiningen, den 28. Januar 1895.

Herzogliches Staatsministerium, Abteilung des Innern.

M. v. Butler.

Die Bundesratsbeschlüsse vom 17. Mai 1901 und 1. Februar 1906 sind eingeführt durch Min.-V. vom 19. Juni 1901 bezw. 16. Februar 1906.

Min.-V. vom 20. August 1903.

In Gemäßheit einer bei Abwesenheit Seiner Hoheit des Herzogs kraft erhaltener Vollmacht gefaßten Entschließung des herzoglichen Staatsministeriums wird zur Ausführung des Art. 1 des Gesetzes vom 9. Mai 1885, betreffend die Gewerbeordnung, folgendes bestimmt:

§ 1. Die zum Handel mit Giften erforderliche Genehmigung darf nur an Personen erteilt werden, welche für durchaus zuverlässig zu erachten sind. Es hat daher der Antragsteller auf Erfordern den Nachweis seiner sittlichen und fachmännischen Befähigung zu erbringen; letztere kann durch Bescheinigung des Physikus, daß Antragsteller mit den gesetzlichen Vorschriften über Gifthandel und mit den Eigenschaften der von ihm feil zu haltenden Gifte genügend vertraut ist, erbracht werden.

§ 2. Der Antrag auf Erteilung der Genehmigung ist in den Magistratsstädten bei dem Magistrat, im übrigen bei dem Landrat anzubringen. Dem Antrag ist ein übersichtliches, nach der Buchstabenfolge und nach den Abteilungen geordnetes Verzeichnis derjenigen Gifte beizufügen, welche geführt werden sollen. Diese sind nach dem Verzeichnis der Gifte Anlage I Abteilung 1, 2 und 3 des Ausschreibens vom 28. Januar 1895 zu bezeichnen.

Der Antragsteller hat schriftlich zu versichern, daß er im Besitz der landesgesetzlichen Bestimmungen über den Handel mit Giften ist, insbesondere des Ausschreibens vom 28. Januar 1895 und des Ausschreibens vom 19. Juni 1901.

---

[1]) Jetzt Min.-V. vom 4. Juni 1896.

§ 3. Bei der Auswahl der in jedem Einzelfall zum Handel zuzulassenden Gifte sind die örtlichen und gewerblichen Verhältnisse, die **persönliche Zuverlässigkeit** des Antragstellers und seiner Beauftragten, sowie die Art und der Umfang seines Geschäfts zu berücksichtigen.

Im allgemeinen wird dem Bedürfnis Rechnung getragen werden, wenn nur der gewerbsmäßige Handel mit giftigen Farben der **Abteilung 3**, mit Blaustein, Laugen, Mineralsäuren, Feuerwerksmitteln, Desinfektionsmitteln und anderen zu technischen Zwecken dienenden Giften, sowie aus Abteilung 2 mit strychninhaltigem Getreide gestattet wird.

Die gebräuchlichsten **giftigen Farben** der Abteilung 3 sind:

Bleiglätte (Silberglätte, Massikot, Bleioxyd), Bleiweiß, Chemnitzer Weiß (Bleiweiß), Chromgelb, Chromgrün (unechtes, wenn bleihaltig), Chromorange, Chromrot, Grünspan, Gummigutti, Kremserweiß (Bleiweiß), Mennige, Neapelgelb, Seidengrün (imitiertes Chromgrün, wenn bleihaltig), Smalte, Zinnoberersatz (imitierter Zinnober).

§ 4. Vor Erteilung der Genehmigung ist jeder Antrag dem zuständigen **Physikus** zur Prüfung und Äußerung vorzulegen.

Sollte den Ausführungen des Physikus in irgendwelcher Hinsicht nicht beigetreten werden, so ist an uns zu berichten.

§ 5. In der **Genehmigungsurkunde** sind die dem Antragsteller für den Gifthandel erlaubten Stoffe nach dem Verzeichnis der Gifte Anlage I des Ausschreibens vom 28. Januar 1895 und getrennt nach dessen Abteilungen 1, 2 und 3 stets einzeln und namentlich aufzuführen oder nach diesen Abteilungen mit namentlicher Aufführung der von der Genehmigung ausgenommenen Stoffe derart genau und übersichtlich zu bezeichnen, daß bei Besichtigung der Verkaufsstätten hinsichtlich der vorhandenen Gifte kein Zweifel über die Zulässigkeit derselben entstehen kann.

Die Genehmigung darf nur zum Verkauf von solchen Giften und gifthaltigen Waren erteilt werden, welche nicht nach der Kaiserlichen Verordnung vom 22. Oktober 1901, sowie den zu deren Ergänzung etwa noch ergehenden Bestimmungen ausschließlich in Apotheken feilgehalten werden dürfen.

§ 6. Bei dem Betriebe des **Kammerjägergewerbes** sind außer dem § 19 unseres Ausschreibens vom 28. Januar 1895 noch folgende Vorschriften zu beachten:

Alle Giftstoffe dürfen nur in augenfällig als ungenießbar sich darstellenden Mischungen und Formen, welche eine Verwechselung mit Nahrungsmitteln für Menschen und Haustiere nicht zulassen, geführt und angewandt werden und müssen in bezug auf Ansehen, Geruch und Geschmack eine vom Genusse abschreckende Beschaffenheit haben.

Beim Auslegen des Giftes zur Vertilgung von Ungeziefer muß mit der gehörigen Vorsicht verfahren werden, damit Menschen und Haustiere keinen Schaden nehmen.

Die Kammerjäger dürfen das Gift nur selbst auslegen.

Meiningen, den 20. August 1903.

Herzogl. Staatsministerium, Abt. des Innern.

Schaller.

Sachsen-Weimar.

G. vom 20. März 1895.

Wir Carl Alexander verordnen über den Handel mit Giften unter Aufhebung des Gesetzes vom 1. Juli 1858 mit Zustimmung des getreuen Landtages, was folgt:

§ 1. **Zum Handel mit Giften ist, soweit derselbe nicht in Verbindung mit dem Apothekergewerbe betrieben wird, eine besondere Genehmigung erforderlich.**

§ 2. Die Genehmigung ist zu versagen, wenn ein vorhandenes **Bedürfnis** zur Zulassung des beabsichtigten Handels nicht nachgewiesen wird, oder wenn hinsichtlich der **Zuverlässigkeit** des Nachsuchenden in bezug auf den beabsichtigten Handel Bedenken bestehen.

§ 3. Die Genehmigung kann in der Beschränkung auf bestimmte Gifte oder auf giftige Farben erteilt werden.

§ 4. Auf die Erteilung der Genehmigung finden die Bestimmungen in Art. I und II des Gesetzes zur Ausführung der Gewerbeordnung vom 18. September 1869/2. Juni 1870 Anwendung.

§ 5. Wer vor dem Inkrafttreten des gegenwärtigen Gesetzes die in § 1 Absatz 1 des Gesetzes vom 1. Juli 1858 vorgesehene Erlaubnis erlangt hat, bedarf innerhalb der Grenzen dieser Erlaubnis einer weiteren Genehmigung nicht; ebenso, wer bereits vor dem Gesetze vom 1. Juli 1858 eine Berechtigung im Sinne des § 1 Absatz 2 des gedachten Gesetzes erlangt hat.

§ 6. Die Bezeichnung der als Gift zu behandelnden Gegenstände und der Erlaß der beim Handel mit Giften zu beobachtenden Vorschriften erfolgt durch Unser Staatsministerium.

§ 7. Das gegenwärtige Gesetz tritt mit dem 1. Juli 1895 in Kraft.

So geschehen und gegeben Weimar, den 20. März 1895.

Carl Alexander.

v. Groß. v. Boxberg. Rothe.

Min.-V. vom 21. März 1895.

Auf Grund des § 6 des Gesetzes vom 20. März d. J., den Handel mit Giften betreffend, wird mit höchster Genehmigung von dem unterzeichneten Staatsministerium hierdurch folgendes verordnet:

(Die §§ 1—19 nebst Anlagen lauten ebenso wie in dem Bundesratsentwurf, nur sind in § 13 der 3. Abs., in § 18 Abs. 1 der Schlußsatz „der Wortlaut . vorgeschrieben werden", in Anl. II die letzte Spalte nebst Anmerkung fortgelassen worden.)

§ 20. Die gegenwärtige Verordnung tritt mit dem 1. Juli d. J. in Kraft. Auch die Bestimmungen §§ 4 und 6 über die Bezeichnung der Vorratsgefäße und die Behältnisse und Geräte innerhalb der Giftkammer finden auf Neuanschaffungen und Neueinrichtungen alsdann sofort, im übrigen vom 1. Juli 1898 ab Anwendung.

Weimar, den 21. März 1895.

Großherzoglich sächsisches Staatsministerium, Departement des Innern.

v. Groß.

Die Bundesratsbeschlüsse vom 17. Mai 1901 und 1. Februar 1906 sind eingeführt durch Min.-V. vom 13. Juli 1901 bezw. 6. Juni 1906.

Min.-V. vom 1. Mai 1895.

Im Anschlusse an die Ministerialverordnung vom 21. März 1895 zur Ausführung des Gesetzes vom 20. März 1895, den Handel mit Giften betreffend, wird auf Grund des § 1 des Gesetzes vom 7. Januar 1854 mit höchster Genehmigung hierdurch verordnet, was folgt:

Die Aufbewahrung von Giften (§ 1 der Ministerialverordnung vom 21. März 1895), welche in einer den bestehenden Bestimmungen entsprechenden Weise in den Besitz anderer als derjenigen Personen, welche den gewerbsmäßigen Handel mit Giften betreiben, gelangen und welche nicht als Heilmittel in einer Apotheke abgegeben worden sind, hat seitens der Inhaber außerhalb des ordnungsmäßigen Gebrauches so zu erfolgen, daß solche nur ihnen und ihren Beauftragten zugänglich sind. Auf diese Verpflichtung sind bei der Abgabe von Giften die Empfänger durch diejenigen Personen, welche die Abgabe bewirken, geeignet aufmerksam zu machen.

Hinsichtlich derjenigen Personen, welche gewerbsmäßig schädliche Tiere vertilgen (Kammerjäger), verbleibt es bei den Bestimmungen in § 19 der Ministerialverordnung vom 21. März 1895.

Zuwiderhandlungen werden, soweit nicht nach den bestehenden Strafgesetzen andere Strafen verwirkt sind, nach § 367 Ziffer 5 des Reichsstrafgesetzbuches mit Geldstrafe bis zu 150 Mark oder mit Haft bestraft.

Weimar, den 1. Mai 1895.

Großherzoglich sächsisches Staatsministerium, Departement des Innern.

v. Groß.

Schaumburg-Lippe.

P.-V. vom 27. Dezember 1894.

Nachdem der Bundesrat in der Sitzung vom 29. November d. J. (§ 532 der Protokolle) beschlossen hat, die Bundesregierungen zu ersuchen, über den Handel mit Giften gleichförmige Bestimmungen nach dem in der Anlage abgedruckten Entwurf zu erlassen, so werden die gedachten Bestimmungen hiermit bekannt gemacht und erlassen wir gleichzeitig auf Grund des § 5 des Gesetzes über die Polizeiverwaltung vom 22. Mai 1882 für den Umfang des Fürstentums die nachfolgende Polizeiverordnung:

§ 1. Wer Handel mit Giften treiben will, hat, wenn er nicht konzessionierter Apotheker ist, von seinem Vorhaben der Ortspolizeibehörde seines Wohnortes Anzeige zu machen. Die Ortspolizeibehörde hat über die erfolgte Anzeige eine Bescheinigung auszustellen.

§ 2. Die in der Anlage bekannt gemachten Bestimmungen treten mit dem 1. Juli 1895 in Kraft. Von diesem Zeitpunkte an gilt die Polizeiverordnung vom 18. Dezember 1889, betreffend den Handel mit Giften und giftigen Präparaten außerhalb der Apotheken als aufgehoben.

§ 3. Die Ortspolizeibehörden haben von Zeit zu Zeit unvermutete Revisionen der Lagerräume und Verkaufsstätten vorzunehmen mit Ausnahme der Apotheken, welche lediglich den medizinal-polizeilichen Revisionen unterliegen.

§ 4. Die nach § 20 Absatz 2 zulässigen Ausnahmen von den Vorschriften des § 5 der in der Anlage bekannt gemachten Bestimmungen sind bei der zuständigen Ortspolizeibehörde zu beantragen; letztere hat die bei Stattgebung des Antrages für erforderlich erachteten Anordnungen vorzuschreiben.

§ 5. Zuwiderhandluugen gegen die in der Anlage abgedruckten Bestimmungen, sowie gegen die Vorschrift im ersten Satze des § 1 und gegen die in § 4 am Ende gedachten Anordnungen werden mit Geldstrafe von 3 bis 150 Mark bestraft, sofern nicht nach den Vorschriften bestehender Gesetze eine härtere Strafe verwirkt ist.

Bückeburg, den 27. Dezember 1894.

Fürstl. Schaumb.-Lippisches Ministerium.

Spring.

Es folgen die Vorschriften, betreffend den Handel mit Giften, in deren § 20 Abs. 1 der 1. Juli 1898, Abs. 2 der 1. Juli 1900 eingesetzt ist.

Die Bundesratsbeschlüsse vom 17. Mai 1901 und 1. Februar 1906 sind eingeführt durch Min.-V. vom 8. Juni 1901 bezw. 14. Februar 1906.

Schwarzburg-Rudolstadt.

P.-V. vom 9. April 1895.

Mit höchster Genehmigung Seiner Durchlaucht des Fürsten wird in Ausführung des Beschlusses des Bundesrats vom 29. November 1894 in betreff des Handels mit Giften auf Grund des § 3 des Gesetzes vom 6. Dezember 1892 hierdurch verordnet, was folgt:

§ 1. Wer Handel mit Giften der in der Anlage I bezeichneten Art treiben will, bedarf hierzu der Genehmigung des zuständigen Landratsamtes.

Vor Erteilung dieser Genehmigung ist der Bezirksphysikus zu hören.

(Die §§ 2—20 entsprechen den §§ 1—19 des Bundesratsentwurfs. Jedoch ist in § 14, = § 13 des Entwurfs, der Abs. 3 fortgelassen, ebenso in Anlage II die letzte Spalte des Kopfes mit der zugehörigen Note).

§ 21. Die Bestimmungen der §§ 5 und 7 über die Bezeichnung der Vorratsgefäße und die Behältnisse und Geräte innerhalb der Giftkammer finden auf Neuanschaffungen und Neueinrichtungen sofort, im übrigen vom 1. Januar 1898 ab Anwendung.

Für Gewerbebetriebe, welche bereits vor Erlaß dieser Verordnung bestanden haben, kann das Landratsamt im Einverständnis mit dem Bezirksphysikus Ausnahmen von den Vorschriften des § 6 bis zum 1. Januar 1899 nachlassen.

§ 22. Zuwiderhandlungen gegen die Bestimmungen dieser Polizeiverordnung werden, soweit nicht § 147 Ziffer 1 der Gewerbeordnung einschlägt, nach § 367 Ziffer 3 und 5 des Reichsstrafgesetzbuchs mit Geldstrafen bis zu 150 Mark oder mit Haft geahndet.

§ 23. Zur Sicherung des Vollzuges der vorstehenden Bestimmungen werden von Zeit zu Zeit unvermutete Revisionen der Lagerräume und Verkaufsstätten für Gifte vom Fürstl. Ministerium angeordnet werden.

§ 24. Die vorstehende Polizeiverordnung tritt am 1. Juli 1895 in Kraft.

Mit diesem Zeitpunkte treten sämtliche allgemeinen und besonderen Verordnungen über Gegenstände, auf welche diese Polizeiverordnung sich bezieht, außer Kraft.

Hinsichtlich des Handels mit Giften in Apotheken bewendet es bei den Vorschriften der Apothekerordnung vom 27. Januar 1841, insoweit nicht die vorstehende Polizeiverordnung Abweichungen enthält.

Die Bundesratsbeschlüsse vom 17. Mai 1901 und 1. Februar 1906 sind eingeführt durch Min.-V. vom 12. Juli 1901 bezw. 22. Februar 1906.

Schwarzburg-Sondershausen.

Min.-V. vom 17. April 1895.

Auf Grund der höchsten Verordnung vom 29. März 1845 verordnen wir in Ausführung eines Beschlusses des Bundesrats vom 29. November 1894, was folgt:

1. Die nachstehend veröffentlichten Vorschriften über den Handel mit Giften treten mit dem 1. Juli 1895 in Kraft (vgl. jedoch § 20 derselben).

2. Wer Handel mit Giften treiben will, hat, wenn er nicht konzessionierter Apotheker ist, von seinem Vorhaben der Ortspolizeibehörde seines Wohnorts Anzeige zu machen. Über die erfolgte Anzeige hat die Ortspolizeibehörde eine Bescheinigung auszustellen.

3. Über Gestattung von Ausnahmen gemäß § 20 Abs. 2 der Vorschriften haben die Landräte nach

Anhörung des zuständigen Bezirksphysikus und erforderlichenfalls anderer Sachverständiger in erster Instanz zu entscheiden.

4. Eine Bestimmung darüber, ob die Abgabe der **Empfangsbestätigung im Giftbuche** gemäß § 13 Abs. 3 der Vorschriften zulässig ist, bleibt vorbehalten, und es bewendet daher bis auf weiteres bei den Bestimmungen des § 13 Abs. 2 der Vorschriften.

5. Zur Sicherung des Vollzuges der neuen Vorschriften sind von den Polizeibehörden, und zwar erforderlichenfalls in Gemeinschaft mit dem Bezirksphysikus und dem Apothekenrevisor, von Zeit zu Zeit unvermutete **Revisionen der Lagerräume und Verkaufsstätten für Gifte** vorzunehmen.

6. **Zuwiderhandlungen** gegen die nachstehenden Vorschriften über den Handel mit Giften werden nach § 367 Ziffer 3 und 5 des Reichsstrafgesetzbuches mit Geldstrafe bis zu 150 Mark oder mit Haft bestraft.

7. Hinsichtlich der **Aufbewahrung von Giften in den Apotheken und der Abgabe von Giften als Heilmittel in den Apotheken** bleiben die Bestimmungen der Ministerialverordnung, die Abgabe starkwirkender Arzneimittel, sowie die Beschaffenheit und Bezeichnung der Arzneigläser und Standgefäße in den Apotheken betr., vom 14. Dezember 1891[1]) maßgebend (vgl. §§ 9 und 16 der nachstehenden Vorschriften).

8. Vom 1. Juli d. J. ab gelten alle entgegenstehenden Vorschriften als aufgehoben, insbesondere die Bestimmungen a) der Ministerialverordnung, betr. den Verkauf von Fliegenvertilgungsmitteln vom 12. August 1854; b) der Ministerialverordnung, betr. die Bereitung und Anwendung von Phosphorlatwerge zur Vertilgung der Ratten und Mäuse, vom 27. November 1854; c) der Ministerialverordnung, betr. Maßregeln zur Verhütung von Vergiftungen durch Cyankalium, vom 1. August 1859.

In Kraft bleiben mit den sich aus den neuen Vorschriften ergebenden Änderungen: a) die Ministerialverordnung, betr. die Vertilgung der Feldmäuse, vom 20. Oktober 1859 und b) die diese Verordnung abändernde Ministerialverordnung vom 1. November 1893, von welcher insbesondere der § 2 Abs. 2 durch § 18 Abs. 3 der nachstehenden Vorschriften geändert wird.

Sondershausen, den 17. April 1895.

Fürstlich schwarzburgisches Ministerium.

Petersen.

(Die folgenden Vorschriften über den Handel mit Giften lauten in den §§ 1—19 wie der Entwurf des Bundesrats.)

---
[1]) Jetzt Min.-V. vom 18. August 1896.

§ 20. Die Bestimmungen der §§ 4 und 6 über die Bezeichnung der Vorratsgefäße und die Behältnisse und Geräte innerhalb der Giftkammern finden auf Neuanschaffungen und Neueinrichtungen sofort, im übrigen vom 1. Juli 1897 an Anwendung.

Für Gewerbebetriebe, welche bereits vor Erlaß dieser Verordnung bestanden haben, können Ausnahmen von den Vorschriften des § 5 bis zum 1. Juli 1899 nachgelassen werden.

Die Bundesratsbeschlüsse vom 17. Mai 1901 und 1. Februar 1906 sind eingeführt durch Min.-V. vom 20. Juni 1901 bezw. 15. Februar 1906.

Waldeck und Pyrmont.

Bk. vom 2. Januar 1895.

(Die Bk. entspricht in den §§ 1—19 dem Bundesratsentwurfe. Nur lautet § 13 Abs. 3 abweichend: „Die Empfangsbestätigung desjenigen, welchem das Gift ausgehändigt wird, kann auch in einer Spalte des Giftbuchs abgegeben werden".)

§ 20. Die vorstehenden Anordnungen treten mit dem 1. Februar 1895 in Kraft und werden hiermit unter Hinweisung auf die Strafbestimmungen in § 367 Nr. 3 und 5 des Reichsstrafgesetzbuchs zur öffentlichen Kenntnis gebracht.

Arolsen, den 2. Januar 1895.

Der Landesdirektor.

von Saldern.

Die Bundesratsbeschlüsse vom 17. Mai 1901 und 1. Februar 1906 sind eingeführt durch Bk. vom 8. Juni 1901 bezw. 15. Februar 1906.

Bk. vom 17. April 1895.

1. Nachdem durch die Bekanntmachung vom 2. Januar d. J. die näheren Bestimmungen über den Handel mit Giften getroffen worden sind, werden die beteiligten Gewerbetreibenden zur Vermeidung von Nachteilen hiermit ausdrücklich darauf hingewiesen, daß der Handel mit Giften (Anlage I der erwähnten Bekanntmachung) der **polizeilichen Erlaubnis** bedarf und daß Zuwiderhandelnde der im § 367 Nr. 3 des Strafgesetzbuches angedrohten Strafe verfallen.

2. Zuständig zur Erteilung der vorgeschriebenen Erlaubnis ist die **Ortspolizeibehörde**.

Dieselbe hat ein namentliches Verzeichnis der zum Gifthandel befugten Personen zu führen, welches fortlaufend zu ergänzen und alljährlich im Monat Dezember dem Kreisamtmann zur weiteren Mitteilung an den Kreisphysikus einzureichen ist.

3. Übertretungen der Strafbestimmungen des § 367 Nr. 3 des Strafgesetzbuchs sind von der Ortspolizeibehörde zur Anzeige zu bringen. Um den Befolg der Vorschriften der Bekanntmachung vom 2. Januar d. J. zu überwachen, ist die Vornahme alljährlicher Revisionen angeordnet.

Arolsen, den 17. April 1895.

Der Landesdirektor.

von Saldern.

Württemberg.

Min.-V. vom 4. Juni 1895.

In Ausführung des Bundesratsbeschlusses vom 29. November 1894 wird hiermit auf Grund des § 367 Ziff. 3 und 5 des Strafgesetzbuches für das deutsche Reich und des Art. 32 Ziff. 5 des Gesetzes vom 27. Dezember 1871, betr. Änderungen des Polizeistrafrechts mit allerhöchster Genehmigung Sr. königl. Majestät vom 3. d. M. nachstehendes verfügt:

A. Handel mit Giften.

§ 1. Der gewerbsmäßige Handel mit Giften unterliegt den nachfolgenden Bestimmungen.

Als Gifte im Sinne dieser Bestimmungen gelten die in Anlage I aufgeführten Drogen, chemischen Präparate und Zubereitungen.

Wer Handel mit Giften treiben will, hat, wenn er nicht konzessionierter Apotheker ist, von seinem Vorhaben der Ortspolizeibehörde seines Wohnortes Anzeige zu machen. Die Ortspolizeibehörde hat über die erfolgte Anzeige eine Bescheinigung auszustellen.

(§§ 2—18 wie der Bundesratsentwurf, mit folgenden Abweichungen:

An Stelle des 1. Abs. von § 9 heißt es: „Hinsichtlich der Aufbewahrung von Giften in den Apotheken greifen nachfolgende Abweichungen von den Bestimmungen der §§ 3, 4, 5 und 8 Platz:

(Zu § 3 Abs. 2.) Soweit nach den bestehenden Vorschriften einzelne der in den Abteilungen 2 und 3 der Anlage I aufgeführten Stoffe in Apotheken nicht in Schiebladen aufbewahrt werden dürfen, hat es hierbei sein Bewenden".

Der 3. Abs. von § 13 lautet: „Die Empfangsbestätigung desjenigen, welchem das Gift ausgehändigt wird, darf in der hierfür bestimmten Spalte des Giftbuchs abgegeben werden."

Die Anmerkung zur letzten Spalte im Kopfe der Anlage II ist fortgelassen.)

B. Verwendung von Giften.

§ 19. Personen, welche gewerbsmäßig schädliche Tiere vertilgen (Kammerjäger), müssen ihre Vorräte von Giften und gifthaltigen Ungeziefermitteln unter Beachtung der Vorschriften in den §§ 2, 3, 4, 7 und, soweit sie die Vorräte nicht bei Ausübung ihres Gewerbes mit sich führen, in verschlossenen Räumen, welche nur ihnen und ihren Beauftragten zugänglich sind, aufbewahren. Sie dürfen die Gifte und die Mittel an andere nicht überlassen.

§ 20. Das Legen von Arsenik und Strychnin im Freien, insbesondere in Gärten, Feldern und Waldungen behufs der Vertilgung von Ratten, Mäusen, Raubtieren, Vögeln usw. ist verboten. Desgleichen ist das Legen von Arsenik zur Vertilgung von Ratten, Mäusen, Fliegen, Motten und dergleichen in Wohnräumen untersagt.

§ 21. Sollten bei außerordentlicher Vermehrung der Feldmäuse andere Vertilgungsmittel sich als unzureichend erweisen, so kann das Oberamt die Anwendung von Arsenik oder Strychnin im Freien unter nachstehenden Bestimmungen zulassen:

1. Das Gesuch um die Zulassung der zur Vergiftung der Feldmäuse erforderlichen Giftwaren (vgl. hierzu § 18 Abs. 2—4) ist von dem Gemeinderat beim Oberamt anzubringen. Das Oberamt hat hierüber mit dem Oberamtsarzte Rücksprache zu nehmen und die zur Vermeidung von Beschädigungen von Menschen erforderlichen Maßregeln anzuordnen.

2. Die Gifte sind durch die Ortspolizeibehörde von dem Verkäufer zu beziehen. Dieselbe hat mit der Abholung ganz zuverlässige Personen zu beauftragen und für die sorgfältige Aufbewahrung Sorge zu tragen.

3. Die Verwendung des Giftes hat innerhalb der von dem Oberamt zu bestimmenden Frist durch zuverlässige Männer unter der Aufsicht und Leitung der Ortspolizeibehörde in der Art stattzufinden, daß die Löcher, in welche das Gift gelegt wurde, zugestampft oder zugetreten werden.

In die unmittelbare Nähe von Quellen und Brunnen dürfen die bezeichneten Gifte nicht gelegt werden.

4. Wenigstens drei Tage vor Legung des Giftes sind die Einwohner der Gemeinde, in deren Markung sie stattfinden soll, sowie jene der benachbarten Gemeinden hiervon in Kenntnis zu setzen.

§ 22. Zur Sicherung des Vollzuges der Bestimmungen in §§ 2—18 sind von den Oberamtsärzten von Zeit zu Zeit unvermutete **Revisionen der Lagerräume und Verkaufsstätten** vorzunehmen. Hinsichtlich der **Apotheken** haben außerdem die Apothekenvisitatoren bei den vorzunehmenden Visitationen ein besonderes Augenmerk auf den Gifthandel zu richten. Im übrigen ist es Obliegenheit der Polizeibehörden, die Einhaltung der erteilten Vorschriften zu überwachen.

§ 23. Gegenwärtige Verfügung tritt mit dem 1. Juli d. J. in Wirksamkeit.

Die Bestimmungen der §§ 4 und 6 über die Bezeichnung der Vorratsgefäße und die Behältnisse und Geräte innerhalb der Giftkammer finden auf Neuanschaffungen und Neueinrichtungen sofort, im übrigen vom 1. Juli 1897 ab Anwendung. Für Gewerbebetriebe, welche bereits vor Erlaß dieser Verfügung bestanden haben, können Ausnahmen von den Vorschriften des § 5 bis zum 1. Juli 1898 durch die Kreisregierungen nachgelassen werden.

An dem in Abs. 1 genannten Zeitpunkt tritt die Ministerialverfügung vom 12. Januar 1876, betreffend den Verkauf, die Aufbewahrung, Versendung und Verwendung von Giften, soweit solche noch in Geltung steht, außer Kraft.

Stuttgart, den 4. Juni 1895.

Pischek.

Die Bundesratsbeschlüsse vom 17. Mai 1901 und 1. Februar 1906 sind eingeführt durch Min.-V. vom 19. Juni 1901 bezw. 17. Februar 1906.

Nachweisung

der

gegen Giftscheine verabfolgten Gifte.

1

Lfde. No.	Bezeichnung des Erlaubniss-scheins nach Behörde und Nummer.	Tag der Ab-gabe.	Des Giftes		Zweck, zu welchem das Gift vom Er-werber be-nutzt werden soll.	Des Erwerbers	
			Name.	Menge.		Name und Stand.	Wohnort (Wohnung).

Des Abholenden		Name des Verabfolgenden.	Eigenhändige Namensschrift des Empfängers.
Name und Stand.	Wohnort (Wohnung)		(Dieser Spalte bedarf es nur dann, wenn gemäss § 13, Absatz 3 die Abgabe der Empfangsbestätigung im Giftbuch zugelassen ist).

2

Lfde. No.	Bezeichnung des Erlaubnissscheins nach Behörde und Nummer.	Tag der Abgabe.	Des Giftes		Zweck, zu welchem das Gift vom Erwerber benutzt werden soll.	Des Erwerbers	
			Name.	Menge.		Name und Stand.	Wohnort (Wohnung).

Des Abholenden		Name des Verabfolgenden.	Eigenhändige Namensschrift des Empfängers.
Name und Stand.	Wohnort (Wohnung).		(Dieser Spalte bedarf es nur dann, wenn gemäss § 13, Absatz 3 die Abgabe der Empfangsbestätigung im Giftbuch zugelassen ist).

If you have any concerns about our products,
you can contact us on
ProductSafety@springernature.com

In case Publisher is established outside the EU,
the EU authorized representative is:
**Springer Nature Customer Service Center GmbH
Europaplatz 3, 69115 Heidelberg, Germany**

Printed by Libri Plureos GmbH
in Hamburg, Germany